유머의 기술

차례
Contents

들어가며

내가 늘 안타까워하는 것 중 하나는 대부분의 사람들이 유머에 무관심하다는 것이다. 조금만 유머에 관심을 가지면 인생이 더욱 행복해질 수 있는데, 대부분의 사람들은 유머가 마치 남의 일인 양 대한다. 영어 공부에는 목숨을 걸면서 왜 유머 공부는 하지 않는가? 조금만 공부하면 누구나 유머와 친해질 수 있다. 개그맨들은 30초를 웃기기 위해 3일간 유머와 씨름한다고 한다. 물론 개그맨처럼 전문적으로 유머 공부를 할 필요는 없겠지만, 유머에 조금만 관심을 기울이면 자신도 웃고 다른 사람들도 웃길 수 있다.

유머는 저절로 되는 것이 아니다. 기본을 익히고 외우고 연습하고, 계속해서 유머와 친해지려는 노력이 있어야 한다. 행복하게 살고 싶다면 유머를 배워라. 개그맨들과 27년간 개그프로그램을 연출한 사람으로서의 확신이다. 영어 공부하듯 유머를 익히면 당신도 남을 웃길 수 있다.

영어 공부는 왜 하는가? 필요하기 때문에 한다. 이제는 인생을 살아가는 데 유머가 영어만큼 중요한 시대가 왔다. 나는 대한민국 국민 모두가 웃는 그날까지 유머를 널리 알리고 싶은 마음에 유머 관련 도서를 벌써 세 권이나 냈다. 유대인들은 자식들에게 잡은 고기를 주지 않고, 고기 잡는 방법을 가르쳐 주는 교육을 한다고 한다. 이 책은 인터넷에 떠돌아다니는 유머집이 아니다. 경험에 근거해 유머를 만들어내는 방법에 대해 집필한 것이다.

유머를 만들어내는 데도 일정한 패턴과 방법이 있다. 먼저 패턴과 방법을 익히고, 좋은 유머는 외워 자기 것으로 만든 후 가까운 사람에게 이용해 보라. 주위 사람들은 물론 자신도 행복해질 것이다. 유머를 좀 더 가까이 함으로써 행복이 한층 더 가까워지기를 바란다. 당신이 웃어야 대한민국이 웃는다.

유머의 힘

유머는 건강을 준다

웃음이 건강에 얼마나 도움이 되는 지는 이미 과학적으로 검증된 바 있다. 웃음치료사까지 동원해 억지로라도 환자를 웃게 만들어 치료하는 병원이 늘고 있다. 웃음이 암세포를 줄이는 데 효과가 있다는 논문이 수십 편이나 발표되기도 한다. 우리나라에도 '웃으면 배꼽 빠진다' '배꼽 잡고 웃는다'는 속담이 있다. '배꼽이 빠진다, 배꼽을 잡는다'는 말은 단전호흡이 이루어진다는 말이다. 배꼽 바로 아래 단전(丹田)이 있기 때문에 웃으면 단전을 강화시켜 건강을 유지

할 수 있다. 이미 오래 전에 우리 선조들은 웃음이 건강에 좋다는 사실을 속담으로 증명했다.

어느 의사는 1분을 크게 웃으면 1시간의 운동 효과가 있다고도 했다. 웃음이 건강의 적인 스트레스를 줄여주기 때문이다. 실제 잘 웃는 사람과 잘 웃지 않는 사람의 피부 노화도를 살펴보니, 잘 웃는 사람의 얼굴 전체에는 활력이 생겨 잘 웃지 않는 사람보다 젊어 보이는 경우가 많다고 한다. 낙하산과 얼굴은 펴지 않으면 죽는다. 오래 살고 싶으면 얼굴을 펴고 살자!

우선 거울 앞에서 웃는 연습을 해보자. 자신의 웃는 모습이 가장 아름답게 느껴질 때까지 계속 웃어보자. 아기나 어린아이들은 잘 웃는다. 그러나 나이가 들수록 웃음이 줄어든다. 웃음이 줄어든다는 것은 죽음이 가까이 왔다는 얘기다. 죽기 싫으면 많이 웃자.

유머는 위기를 극복해 준다

유머는 위기의 순간에 더욱 빛을 발한다. 보통 위기가 닥쳤을 때 스트레스를 많이 받는데, 유머는 이러한 위기를 슬기롭게 극복할 수 있게 도와준다. 유머로 위기를 극복한 사례는 쉽게 찾아볼 수 있다.

내가 〈웃으면 좋아요〉라는 프로그램을 녹화하면서 실제 겪은 일이다. 어느 날 스튜디오 녹화 중에 개그맨 최형만이 계속 혼자 오버를 했다. 하지만 주변에 선배 개그맨들도 많이 있고, 또 내가 화를 내면 녹화 분위기마저 가라앉을 것 같아 최형만에게 점잖게 오버하지 말라고 얘기했다. 그런데도 계속 오버 연기를 하자, 결국 화가 나 소리쳤다.

"야, 인마! 오버하지 말라 그랬잖아!"

순간 스튜디오 분위기는 걷잡을 수 없이 가라앉았다. 하지만 곧 최형만이 내뱉은 한마디가 온 스튜디오를 웃음바다로 만들었다.

"알았다, 오바!"

화를 내던 나도 웃음을 참지 못하고 쓰러졌다. 그날 녹화는 아주 잘 끝났다.

유머는 상상력을 키워준다

유머는 다르게 보는 힘이다. 기업이든 국가든 '상상력'이 핵심인 시대다. 유머를 잘 구사하는 사람은 상상력이 뛰어난 사람이다. 그들은 같은 사물이나 사건을 봐도 다른 각도에서 생각할 줄 알고, 그것을 웃음으로 연결시킬 줄 안다. 세상을 보는 결정적 차이는 '어제와 다른 내가 어떻게 만들어지는가'에 있다. 그 삶의 질곡에서 나를 이기게 만드는 것이 바로 유머다. 상식을 깨는 곳에서 유머가 나온다. 평범함 속에서는 유머가 나오지 못한다. 'What if', 즉 '만약 ~이라면'이라는 스스로의 가정 속에서 유머가 나온다.

만약에 정치인과 수녀님이 한강에 빠지면 하느님은 누구부터 구할까? 정답은 정치인이다. 왜냐? 한강을 오염시키지 않기 위해.

여러 경우를 상상해보라. '만약 ~이라면'이라는 가정을 머리에 수없이 그리다 보면 그 속에서 유머가 나온다. 상식을 버리고 백지에서 생각하는 연습을 하라. 상상하지 않으면 유머도 없다. 유머 없는 상상력은 있어도 상상력 없는 유머는 없다.

유머는 집중력을 높인다

재미없는 강의를 들으면 자신도 모르게 잠이 몰려온다. 집중력이 떨어지기 때문이다. 강의에도 유머가 있어야 학생들이 좀 더 집중력을 발휘할 수 있고, 강의의 효율성 또한 높아진다. 아무리 재료가 좋아도 양념이 들어가지 않으면 음식으로서의 가치가 없다. 좋은 강의도 마찬가지다. 아무리 좋은 강의 내용이라도 유머가 들어가지 않으면 강사로서의 자격이 없다. 영화도 마찬가지다. 보통 두 시간 분량의 영화를 제작할 때, 집중력을 높이기 위해 중간 중간 유머를 삽입한다. 관객들이 지루해하지 않고 몰입하게 만들기 위해서다.

유머가 돈을 만든다

오프라 윈프리(Oprah Winfrey)가 말했다.

"기억하세요. 한 번 웃을 때마다 당신의 성공확률이 조금씩 높아진다는 사실을."

유머감각은 확실히 당신의 성공확률을 높여준다. 직장에서도 유머감각을 잃지 않아야 하고, 가끔은 망가질 줄도 알아야 한다. 그래야 동료들 간의 관계도 화기애애해지고 긴장감도 풀린다. 요즘은 유머로 먹고 사는 사람이 많다. 직업적인 개그맨 이외에도 유머 강사, 웃음클리닉 강사 등 유머로 먹고 사는 사람이 많이 늘었다.

한 설문조사에서는 유머를 가진 남자가 '좋은 신랑감 1위'에 오르기도 했다. 유머감각이 있는 사람은 성공확률이 높다는 사실을 여기서도 엿볼 수 있다. 대체로 개그맨들의 부인은 미인이다. 옛날에는 용감한 사람이 미인을 차지했지만, 요즘은 웃기는 사람이 미인을 차지한다.

또 유머는 여러 형태로 돈을 가져다준다. 어느 보험회사의 최고 보험 판매왕이 유머 전문가가 되어 화제가 된 일도 있다. 영업사원 교육의 핵심으로 '신용과 유머'를 가르치는 곳도 많다. 먼저 고객의 마음을 얻어야 신뢰를 얻을 수 있기 때문이다.

서비스 업종의 교육도 바뀌고 있다. 서비스 업종에서도 유머의 중요성이 대두되고 있다. '친절교육'에서 '감동교육'으로, 다시 '유머교육'으로 바뀌고 있다. 누군가의 마음을 얻기 위해서는 유머가 필수다.

세계 1위 헤드헌팅 그룹인 미국 로버트 하프 인터내셔널 (Robert Half International)의 설문조사 결과에 따르면, 응답자의 97퍼센트가 탁월한 전문성을 가진 상사보다 직원에게 웃음을 주는 상사를 더 잘 따르는 경향이 있다고 응답했다.

유머는 감동을 배가시킨다

어느 철학자는 "웃고 난 후의 눈물이 진정한 눈물"이라고 이야기했다. 그런 눈물이 인생의 참된 눈물이라는 것이다. 유머는 그만큼 감동을 배가시킨다. 먼저 웃음을 주고, 이후에 감동을 만들어 가는 영화나 드라마들이 바로 이러한 원리를 이용하는 것이다.

우리는 화를 유머로 승화시키는 최고의 경지를 향해 부단히 노력해야 한다. 유머는 꼭 가슴 속에 담아두자. 그리고 그 가슴 속의 유머로 마음의 상처를 치유하고, 주위 사람들에게 감동을 줘라.

개그맨 전유성이 어느 날 지리산에서 서울까지 걸어왔다. 그리고 후배 개그맨 최양락에게 전화를 걸었다.

"나 너 만나려고 지리산부터 걸어서 지금 막 서울 왔다."

최양락이 물었다.

"형, 왜 지리산에서 여기까지 걸어서 와요? 차 타고 오면 될 걸!"

"너 보고 싶어서 차 타고 다섯 시간 만에 온 거 하고, 15박 16일을 걸어온 거랑 어떤 게 감동스럽냐?"

아마 전화기 너머 최양락은 감동을 먹고 속으로 울었을 것이다. 이렇게 유머는 같은 상황에서 때론 감동의 효과를 배가시키는 역할도 한다.

유머는 전염성이 강하다

대부분의 사람들은 옆 사람이 웃으면 따라 웃게 된다. 그만큼 유머는 전염성이 강하다. 공개 강연에서 웃는 사람이 늘면 늘수록 웃음의 강도는 높아진다. 그래서 보통 강연을 시작할 때 웃음으로 시작하면 다음은 풀기가 쉽다.

시트콤이나 개그프로그램에서 가짜 웃음소리를 깔아주는 건 괜한 게 아니다. 웃음의 전염성을 알기 때문에 웃음 포인트에 미리 웃음을 깔아주는 것이다. 먼저 웃는 사람이 있으면 시청자들은 편하게 따라 웃을 수 있다.

론다 번(Rhonda Byrne)이 자신의 저서 『시크릿(The Secret)』에서 밝힌 '부와 성공의 비밀' 중 하나는 끌어당김의 법칙이다. 모든 것은 생각한대로 이루어진다는 것이다. 유머도 마찬가지다. 유머를 생각하고 있으면 웃는 일을 끌어당겨 계속해서 웃는 일만 생긴다. '어떻게 하면 남을 재미있게 만들까' '어떻게 하면 웃게 만들 수 있을까' 고민하고 몰입하다 보면 당신의 유머가 자신과 주위 사람들을 모두 행복하게 만드는 날이 온다. 짜증 내고 화만 내다보면 짜증과 화가 늘 당신 곁에 있을 것이고, 훌훌 털고 유머만 생각하면 당신은 유머 속에서 살게 될 것이다.

유머의 기초와 전제 조건

공감대가 있어야 한다

유머는 장난스럽게만 보이면 안 된다. 진실성과 공감대가 없으면 유치해 보인다. 그러면 억지웃음이 된다. 무엇보다 리얼리티(reality)가 있어야 한다. 시트콤의 대가인 빌 코스비(Bill Cosby)는 이렇게 이야기했다.

"리얼리티가 코스비쇼 성공의 가장 큰 원동력이다. 내 원칙은 웃기는 것보다 진실을 기반으로 하는 것이다."

리얼리티가 바탕이 되어야 그 다음에 오는 유머의 효과가 더 커진다. 리얼리티로 상황을 깔아주고 관객에게 신뢰를 준

후에 반전이나 비틀기로 유머를 날려라. 그럴듯한 이야기로 남을 웃겨야지, 있을 수 없는 황당한 유머를 던지면 웃음의 효과는 반감된다.

유머의 대가 마크 트웨인(Mark Twain)은 진실과 사실이 유머에 있어 얼마나 중요한가에 대해 이렇게 표현했다.

"먼저 사실에 기초하고, 그 다음에 그 사실을 가지고 네가 하고 싶은 대로 비틀어라."

사실에 기초하지 않은 유머는 공감대를 만들기 힘들다. 사람들은 공감하지 않으면 웃지 않는다. 공감하지 않으면서 웃는 웃음은 비웃음임을 명심하라.

마음이 착해야 한다

악한 사람은 절대 유머를 할 수 없다. 남을 비난하거나 비방하면 유머가 나올 수 없다. 남의 약점을 유머의 소재로 삼아 웃기려고 하는 사람들이 많은데, 그런 유머는 그 순간에는 먹힐지 몰라도 결국 차가운 비수로 돌아온다.

유머를 배우기 전에 따뜻한 마음을 가지고 먼저 이웃에 대한 사랑을 실천하라. 그러면 유머가 따라온다. 마음이 따뜻한 사람이 유머의 최종 승리자가 된다. 따뜻한 마음이 큰 유머를 만들어낸 사례를 하나 소개한다.

〈좋은 세상 만들기〉라는 프로그램을 만들 때, 할머니 할아버지들의 착한 마음씨와 순수함 속에서 뜻밖의 큰 웃음이 나온 적이 있다. 할머니와 할아버지가 도시에 나가 있는 자식들에게 영상 편지를 보내는 코너가 있었는데, 대부분의 어르신들이 그러하듯 이 노부부도 마치 증명사진을 찍는 것처럼 카메라 앞에 꼿꼿이 서서 자식들에게 이야기를 하기 시작했다.

모두가 조용히 지켜보는 가운데 할아버지가 "아들아, 잘 있냐?"하고 말문을 여는데, 갑자기 뒤에 묶어놓은 개가 시끄럽게 짖기 시작했다. 개 짖는 소리 때문에 몇 번이나 NG가 나서 결국 촬영이 중단되었다. 그러자 할아버지는 스탭들에게 미안했는지 조용히 하라며 개를 발로 툭 걷어찼다.

그런데 할아버지의 이런 뜬금없는 모습이 너무 귀여워 카메라맨에게 카메라를 끄지 말고 계속 돌리라 지시해 그 모습을 그대로 화면에 담았다. 그 장면이 방송에 나가자 시청자들은 배꼽을 잡고 웃기 시작했다. 현대인들이 좀처럼 느끼지 못했던 착한 마음과 배려가 바탕이 되어 큰 웃음이 나온 것이다.

여유가 있어야 한다

유머는 여유에서 나온다. 여유가 없는 사람은 유머를 구사할 수 없다. 바쁜 생활 속에서도 자신만의 기준을 세워 스스로 여유를 가져야 한다. 여기서 말하는 여유는 시간의 여유가 아니라 마음의 여유다.

유머를 구사하는 사람도 유머를 받는 대상자도 우선 여유가 있어야 한다. 그래야 유머가 산다. 따라서 유머를 하기 전에는 먼저 마음의 여유를 갖고, 유머를 받는 대상이 긴장하지 않도록 여유를 만들어준 후에 시작하라.

유머를 배우기 전에 먼저 마음의 여유부터 찾는 법을 배우자. 평소 성격이 급하고 직설적인 사람이라면 자신만의 감정조절 방법을 만들어라. 유머는 급해도 돌아가는 여유의 산물이다. 말을 할 때도 직설적으로 하지 말고, 여유를 갖고 비유하거나 우회하는 습관을 들여라.

어느 개그맨이 폐암에 걸린 고 이주일 선생의 병실을 찾았다. 침울한 분위기 속에서 이주일 선생은 후배 개그맨에게 "너 요즘 어떻게 살아?"라고 물었다. 힘든 시기를 겪고 있던 후배 개그맨은 "죽지 못해 삽니다."라고 대답했다. 그러자 고 이주일 선생은 후배 개그맨에게 이렇게 말했다.

"나는 살지 못해 죽는다, 이놈아!"

병실에는 웃음이 빵 터졌다. 고 이주일 선생은 마지막까지 여유를 가지고 계셨기 때문에 유머를 발휘할 수 있었던 것이다.

긍정적이고 낙천적인 성격부터 만들자

유머는 자신의 단점을 긍정의 힘으로 승화시켜 만들어 내는 것이다. 링컨(Abraham Lincoln) 대통령은 한때 심한 우울증을 겪었다고 한다. 게다가 그는 외모에도 자신이 없어 늘 수염을 길렀다. 그런데 대통령 선거 유세 중에 반대파 중의 한 사람이 말했다.

"당신은 이중인격자야, 두 개의 얼굴을 가졌어!"

링컨은 조용히 웃으며 말했다.

"제가 두 개의 얼굴을 가졌으면 이 얼굴로 이 자리에 왔겠습니까?"

그는 자신의 단점을 긍정의 힘과 유머로 극복한 위대한 인물이다. 의식적인 훈련으로 자신의 뇌를 긍정적으로 만들어라. 그러면 뇌도 자연스럽게 모든 것을 긍정으로 받아들인다. 남을 기쁘게 하고 본인도 즐겁게 살려면 모든 생각을 긍정적으로 바꿔라. 긍정이 최고의 유머다. 자신의 단점을 괴로워하지 않고 유머로 승화시킬 수 있다면 그 사람은 진정 유머의 승리자가 될 것이다.

영국의 정신분석학자 하드필드(J. A. Hadfield)는 『힘의 심리(The Psychology of Power)』라는 책에서 실험을 통해 자신에 대한 긍정적 암시가 얼마나 큰 위력을 발휘하는지를 증명했다. 그는 악력계를 사용해 정신 암시가 완력에 미치는 영향을 세 사람의 남자에게 실험했다. 그는 세 가지 다른 조건 하에서 실험을 행했는데, 먼저 보통의 상태에서 그들에게 힘껏 악력계를 쥐게 했다. 이 실험에서 그들의 평균 악력은 101파운드였다.

다음에는 세 사람 모두에게 최면을 걸어 '당신은 참으로 약하다'라는 암시를 준 후 악력을 재어 보았더니 겨우 29파운드로 평균 악력의 1/3 이하였다. 그리고 세 번째 실험에서는 '당신은 강하다'는 암시를 준 후 재어 보았더니 평균 악력이 무려 142파운드에 달했다. 긍정의 힘은 세상을 들어 올릴 수도 있다. 그리고 긍정의 힘은 바로 유머에서 나온다.

자기 자신을 낮춰야 한다

유머의 가장 큰 적은 무엇일까? 바로 자존심이다. 알량한 자존심 때문에 우리는 때로 많은 기회를 놓치기도 한다. 자존심과 체면, 위신은 내가 지키는 것이 아니라 남이 지켜주는 것이다. 쓸데없는 자존심만 버려도 많은 시간과 기회를 얻을 수 있다. 만나지 못했던 사람들을 만날 수도 있고, 하지 못했던 일을 할 수도 있고, 새로운 상황에 처했을 때 두려워하거나 긴장하지 않을 수 있다.

이제 대세는 유머다. 유머가 자존심이고 체면이다. 유머는 자신을 낮추는 데서 시작한다. '다른 사람들이 나를 어떻게 생각할까'하는 생각은 버려야 한다. 남이 웃으면 본인도 즐겁다. 근엄한 사람을 좋아하는 사람은 많지 않다. 너무 근엄하면 주위에 사람이 없다. 자기 자신을 낮춰야 유머가 산다. 개그프로그램에서 바보 연기가 인기 있는 이유는 자신을 더욱 낮춤으로써 시청자들에게 더 큰 웃음을 선사하기 때문이다.

유머에 겸손이 전제되어야 감동이 온다. 자신을 높이면 유머는 내려가고, 자신을 낮추면 유머는 올라간다. 그 대표적인 예가 개그맨 유재석이다. 유재석이 진행하는 프로그램을 잘 살펴보면, 그는 본인을 최대한 낮춤으로써 게스트가 빛나게 하고 전체 프로그램을 빛나게 한다. 그래서 유재석의 리더십이 화제가 된다. 우리 사회 지도자들은 자신을 낮추면서 다른 사람을 돋보이게 하는 그의 진행 스타일을 배워야 한다는 말까지 나온다.

개그맨들 가운데 인기가 오른 후에 무게를 잡다가 하루아침에 사라진 사람들도 많다. 시청자들에게 웃음을 주는 사람은 친구나 이웃집 아저씨처럼 편안해야 한다. 아무리 인기 많은 개그맨도 어깨에 힘이 들어가는 순간, 그 인기는 끝이 난다. 유머는 허허실실이다. 유머는 자기를 낮추는 데서 시작한다는 사실을 잊지 말자.

아이들 같은 순수함이 있어야 한다

아이들의 마음으로 생각하고 말하는 연습을 하라. 부모들은 아이가 말을 하기 시작하면 아이들의 귀여운 모습을 보고 많이 웃는다. 하지만 아이가 초등학교에 들어가면서 웃음이 줄어들기 시작하고, 중학생이 되면 아이 때문에 짜증이 늘기 시작한다. 그러다 고등학생이 되면 짜증이 싸움으로 바뀌면서 부모자식 간의 유머는 거의 끝이 난다. 아이들은 변하지 않았는데, 더 이상 부모들이 아이가 어렸을 때 바라보던 눈으로 봐주지 않기 때문이다. 때론 아이들의 꾸밈없는 눈으로 세상을 바라보라. 그러면 닫혔던 유머의 문이 열린다.

상식이 많아야 한다

동서고금을 막론하고 뛰어난 지도자들은 대개 다독가였다. 오랫동안 대중들로부터 사랑받고 있는 김미화, 심현섭 등의 개그맨들을 살펴보면, 책을 많이 읽는다는 공통점을 찾을 수 있다. 그들은 신문, 잡지 등 모든 매체에서 웃음의 소재를 찾는다. 뽀빠이 이상용 씨는 지금도 유머에 대한 자료를 계속 정리한다고 한다.

유머의 바다에 빠지려면 먼저 소재거리가 많아야 한다. 유머의 기본 소재는 풍부한 상식이다. 최신 뉴스나 옛날 고전을 이용해 유머를 만들어 보라. 상식을 기본으로 하되, 그 상식을 비틀어야 한다. 상식 그 자체로는 유머의 소재가 될 수 없다. 상식이라는 재료를 가지고 유머 요리를 할 줄 알아야 한다. 유머의 재료로 풍부한 상식이 먼저 필요한 이유가 여기에 있다. 그래서 모든 분야의 책을 골고루 많이 읽어야 한다.

상식이 없으면 유머도 없음을 명심하라. 유머감각은 선천적인 것일까, 후천적인 것일까? 100% 후천적이다. 단, 상식이 통해야 한다. 이 점에서 풍자와 유머는 서로 다른데, 시사를 기본 반찬으로 해서 요리를 하는 게 풍자이고, 상식을 기본 반찬으로 해서 요리를 하는 게 유머다. 그래서 상식이 통하지 않는 사람에겐 유머가 통하지 않고, 유머가 통하지 않는 사람에겐 역시 상식이 통하지 않는다. 태어나자마자 걷거나 자전거를 타고 다니는 사람이 없듯 유머도 처음부터 잘하는 사람은 없다. 누구나 노력하면 할 수 있다.

어릴 때부터 유머를 몸에 익혀야 한다

당신의 자녀가 유머 있는 사람이 되길 원하는가? 그렇다면 우선 권위적인 부모의 모습을 버리자. 후배 프로듀서 중에 유머를 너무 좋아해 항상 주위 동료들을 웃게 만드는 친구가 있었는데, 그는 가끔 재미있는 이야기를 해놓고는 주위의 눈치를 살피는 습관이 있었다. 과감하게 유머를 던져도 되는 상황에서 유난히 조심스러운 태도를 보이곤 했던 것이다. 나중에 알게 된 일이지만, 그에게는 아픈 추억이 있었다.

어릴 때부터 개그를 좋아했던 그는 친구들에게 심형래의 영구 캐릭터를 흉내 내곤 했다. 자신감이 생기자 그는 아버지에게도 도전해보기로 했다. 그래서 아버지가 "광석이, 어디 갔니?"하고 묻자, 영구 흉내를 내면서 "광석이 없다~!"라고 했는데 그날 그는 아버지에게 흠씬 두들겨 맞았다고 한다. 그날 그의 아버지는 한 소년의 꿈을 산산이 부숴버린 지도 모른다. 그때 아버지가 "허허!"하고 조금만 웃어주셨더라면 그 프로듀서는 대한민국 최고의 개그맨이 될 수 있었을지도 모른다.

우리나라에는 아직도 가부장적인 가족 문화가 강하게 남아 있다. 미국이나 유럽의 젊은이들이 유독 유머감각이 뛰어난 것은 아마도 이런 가족 문화의 차이 때문이 아닌가 싶다. 어릴 때부터 자유로운 분위기 속에서 유머를 사용할 수 있게 가족 문화를 바꾸는 것이 중요하다.

지금부터라도 식사 때마다 우리 자식들이 재미있는 유머를 한마디씩 하게끔 유도해 보자. 그래서 가족 간의 대화도 늘리고 웃음도 살려보자. 자식들의 유머감각을 높여주자.

유머의 기술

모든 유머는 지금부터 소개되는 열여덟 가지 방법을 기초로 한다. 유머에도 만드는 패턴이 있다. 이 방법만 제대로 숙지하면 당신도 유머전문가가 될 수 있다. 이 열여덟 가지 방법은 미국 학자들의 이론을 근거로 하고 있으며, 내가 27년간 개그프로그램을 연출하면서 터득한 비법이다.

어떤 유머는 열여덟 가지 방법 중 하나만 사용할 수도 있고, 어떤 유머는 두 가지 이상의 방법을 응용해 만들어내기도 한다. 이 비법을 이용해 여러분도 생활 속에서 자신만의 유머를 만들어 보라. 그리고 그 유머를 가장 가까운 친구나 가족에게 먼저 사용해 보라.

① 반복 – 반복만 잘해도 유머의 대가가 될 수 있다

같은 말을 계속 반복하면 웃음이 나온다. 유행어도 이렇게 만들어진다. 자꾸 같은 말을 반복하면 듣는 사람도 동화되어 은근히 반복되는 말을 기다리게 된다. 듣는 사람이 먼저 무장 해제되어 유머를 받아들일 준비를 하는 것이다.

열 번 찍어 안 넘어 가는 나무가 없다. 열 번 반복하면 웃지 않는 사람도 없다. 반복 효과는 은근히 중독성이 강해 유머에 자주 사용된다. 반복은 유머의 기본이며 핵심이다. 최근 인기 있는 모 개그프로그램을 유심히 보면 반복의 기법을 유난히 많이 사용한다. 매주 같은 말을 반복해 웃음을 극대화시킨다.

김지민의 유행어 : "그건 제가 할게요! 느낌 아니까!"
김준호의 유행어 : "잖아, 잖아."

매주 같은 말을 반복해 유행어를 만들고 있다. 슬랩스틱 개그에서도 마찬가지다. 같은 행동을 반복해 효과를 극대화시킨다. 길에 떨어진 모자를 줍기 위해 허리를 굽히고, 모자를 발로 차면서 다시 모자를 집으려는 행동을 반복적으로 보여준다. 또 일상생활 속에서 같은 단어를 반복적으로 사

용해 유머를 만들어 내기도 한다. 다음의 경우, '착각'이라는
단어를 반복적으로 사용한다.

[세상의 모든 착각들]

• 인터넷 광고 회사의 착각 : 광고창을 계속 뜨게 만들면 언
젠가 접속해주는 줄 안다.

• 연애 안 해본 남자의 착각 : 상대방이 원하는 건 뭐든지 해
줄 수 있을 줄 안다.

• 실연한 사람들의 착각 : 자신의 사례가 세상에서 제일 비참
한 줄 안다.

• 엄마들의 착각 : 우리 아이가 머리는 좋은데, 공부를 안 해
서 공부를 못 하는 줄 안다.

• 고등학생들의 착각 : 앞사람 등 뒤에 숨어서 선생님이 안
보이면 선생님도 자기가 안 보이는 줄 안다.

• 재수생의 착각 : 이번 수능은 잘 볼 줄 안다.

• 남자들의 착각 : 못생긴 여자는 꼬시기 쉬운 줄 안다.

• 여자들의 착각 : 남자가 자기한테 말을 걸면 작업인 줄 안다.

• 이 글을 읽고 있는 사람들의 착각 : 자기는 예외인 줄 안다.

다음의 유머는 같은 운율의 반복으로 유머를 만들어 내고
있다.

[남편의 시댁 제사상을 준비하는 며느리의 시조]

나를키운 엄마아빠 생각나서 목이메네

곱게키워 시집와서 남의집서 종살이네

남편놈은 처누워서 티비보며 낄낄대네

뒷통수를 까고싶네 날라차서 까고싶네

집에가서 보자꾸나 등판에다 강스매싱

마구마구 날려주마

② 풍자 – 비꼬면 웃음은 커진다

권력이나 권위, 위선에 대한 신랄한 비판을 풍자를 통해 우회적으로 표현함으로써 유머를 만든다. 직접 드러내고 하지 못하는 이야기를 돌려서 우회적으로 비꼬아 상대방에게 웃음을 준다. 시사풍자, 세태풍자를 통해 웃음을 만들어 내는 경우다. 유머는 사회현상을 한번 비꼬아 세태풍자를 통해 시대를 반영한다. 우리나라 사람들의 급한 성질을 비꼬는 사회풍자 유머를 하나 소개한다.

자판기

외국인 : 자판기 커피가 나온 후, 불이 꺼지면 컵을 꺼낸다.

한국인 : 버튼을 누르고 컵 나오는 곳에 손을 넣고 기다린다.

가끔 튀는 커피에 손을 데기도 한다.

사탕

외국인 : 사탕을 쪽쪽 빨아먹는다.

한국인 : 사탕을 깨물어 먹다가 이가 부러진다.

아이스크림

외국인 : 혀로 핥아 천천히 먹는다.

한국인 : 아이스크림은 베어 먹어야 한다고 생각한다. 천천히 핥아먹다간 벌떡증이 난다. 한입에 왕창 먹다가 순간적인 두통에 머리를 감싸고 괴로워할 때도 있다.

버스정류장

외국인 : 정류장에 서서 버스를 기다리다 천천히 승차한다.

한국인 : 기다리던 버스가 오면 일단 도로로 내려간다. 종종 버스와 추격전이 벌어진다. 가끔 버스 바퀴에 발을 찧기도 한다.

택시

외국인 : 인도에 서서 "택시!"하며 손을 든다.

한국인 : 도로로 내려가 택시를 따라 뛰며 자동차손잡이를 잡고 외친다. "합정동!!"

야구장

외국인 : 야구는 9회말 2사부터. 힘내라 우리 편! (끝까지 응원한다.)

한국인 : 다 끝났네, 나가자. (9회말 2사쯤이면 관중이 반으로 줄어 있다.)

영화

외국인 : 그 영화 어땠어? 연기는? 내용은?

한국인 : 아, 그래서 끝이 어떻게 되는데?!

다음은 각 기업과 정당의 사회현상을 비꼬면서 풍자적으로 유머를 만든 경우다.

[사무실에 뱀이 들어왔을 때의 대응방식]

현대 : 우선 때려잡고 고민한다.

삼성 : 뱀에게 떡값을 준다.

LG : 삼성의 처리결과를 지켜본다.

새누리당 : 북한의 소행이 틀림없다고 주장한다.

민주당 : 무조건 큰소리 내고 뱀을 쫓으려다가 뱀이 나가지 않으면 사무실을 봉쇄하고 데모한다.

최근 남녀관계가 뒤바뀐 사회현상을 다음의 유머에서는 이렇게 풍자하고 있다

[남녀관계 변천사]

• 1970년대

장소는 여인숙. 여자는 웅크려 울고 있다.

남자는 당당하게 여자의 얼굴을 바라보며 말한다.

"걱정하지 마라! 내가 니 하나 못 먹여 살리겠나!"

• 1980년대

이제부터는 여관이다. 아직까지도 여자는 흐느끼며 울고 있다. 남자가 말한다. "오빠가… 니 사랑하는 거 알지?"

• 1990년대

장소는 교외의 러브파크 혹은 러브호텔.

이때부터 여자의 목소리가 커지기 시작한다.

남자는 방바닥에 누운 채 담배를 태우고 있다.

여자가 옷을 챙겨 입고 나가며 남자에게 한마디 던진다.

"자기야, 나 바빠서 먼저 갈게! 삐삐 쳐!"

• 1994년

남자도 담배를 태우고, 여자도 담배를 태우고 있다.

남자는 고개를 푹 숙이고 땅이 꺼져라 한숨을 내쉰다.

여자가 담배연기를 길게 내뿜으며 남자를 향해 말한다.

"너… 처음이구나?"

• 2000년

남자는 자리에 누워 이불로 얼굴을 가린 채 웅크리고 있다.

여자는 화가 난 듯 누워 있는 남자를 향해 소리친다.

"야! 너 토끼니?"

• 현재

남자는 누워 울고 있고, 중년의 여자는 여유 있게 옷을 주워
입고는 돈을 몇 푼 꺼내 침대 위에 놓는다.

"이 돈으로 용돈이나 하고, 내가 연락하면 총알같이 튀어나
와, 알았지? 보약은 다음에 만날 때 먹여줄게! 바람 피지 말고!
수고했다!"

시사풍자 유머를 하나 더 소개한다.

신께서는 대통령이 부족하자 만델라를 데려가셨고,

휴대전화가 없으셔서 스티브 잡스를 데려가셨고,

댄스 파트너가 없으셔서 마이클 잭슨을 데려가셨고,

운전기사가 없으셔서 폴 워커를 데려가셨다.

전능하신 주여, 혹시 '개'가 필요하지 않으신가요?

아베 신조 좀 데려가시죠!

③ 과장, 허풍 – 뻥을 쳐라, 웃음도 뻥튀기가 된다

　과장은 쉽게 말해 오버하는 것이다. 몸짓이나 말을 할 때 과장해서 남을 웃기는 기법이다. 과장되게 말을 하면 허풍이 된다. 사람들은 허풍인지 알면서 웃어 준다. 그냥 평범하게 동작을 하면 웃지 않는데, 몸을 조금 비비 꼬거나 오버하면 사람들이 웃기 시작한다. 하지만 너무 과한 과장은 혐오감을 불러일으킬 수 있으니 적절하게 사용해야 한다. 슬랩스틱 개그에서도 가끔 과장된 행동으로 웃음을 유발하는데, 슬랩스틱의 기본은 바보스런 행동이지만, 바보스런 행동에 과장이 더해지면 유머의 효과를 배가시킬 수 있다.

　분장으로도 과장의 효과를 낼 수 있다. 외국배우나 가수와 똑같이 분장하면서 일부 특징적인 부분을 과장되게 분장해 웃음을 유발한다. 흔히 서양인의 코가 크다는 점을 과장해 유머를 만드는 경우다. 과장 기법은 다른 유머 기법과 함께 사용하는 경우가 많다. 이러한 유머를 하나 소개한다.

가슴이 큰 여자가 100미터 달리기를 했다.

골인 지점에서 가슴 큰 여자는 어떻게 됐을까?

정답은 '얼굴에 피멍이 들었다'이다.

왜냐? 가슴이 너무 커서 100미터를 뛰는 동안 자기 젖가슴이 계속 얼굴을 올려쳤기 때문이다.

실제 아무리 가슴이 커도 달리면서 얼굴을 때릴 정도는 아니다. 하지만 이렇게 과장을 하면 웃음이 나온다. 허풍은 귀엽게 해야 한다. 심하게 허풍을 떨면 사기꾼 소리를 들을 수 있다. 가까운 사람에게 과장하고 뻥을 쳐보자. '허풍과 나발은 크게 불어라'라는 말이 있다. 과장된 대화법을 통해 함께 웃을 수 있다.

④ 바보, 무식 – 나를 낮출수록 웃음은 커진다

유머는 상대방의 우월의식에서 나온다. 개그프로그램의 주인공들을 잘 보면 약간 덜 떨어진 사람, 바보 같은 사람들이 많다. 그러나 마음만은 착하다. 바보 치고 악한 놈은 없다. 개그프로그램에 단골로 등장하는 영구, 맹구, 사오정 등은 모두 바보 설정으로 시청자를 웃긴다.

나는 이미 알고 있는데, 상대방이 무식한 이야기나 행동을 할 때 웃음이 나온다. 이런 유머는 모두 상대방에 대한 우월의식에서 나온다. 가장 오래된 형태이면서도 사람들이 제일 좋아하는 유머의 요소다. 시골 할머니들의 순박한 무식에서도 종종 유머가 나온다. 할머니들의 순수한 무식을 이용한 유머를 몇 개 소개한다.

- 회갑잔치가 기억이 안 나서 "육갑잔치 잘 치루셨어요?"
- 할머니가 은행에 통장을 재발행 하러 가서 "이거 재개발 해주세요"
- 친구 집에 갔는데 할머니가 시리얼 '콘프레이크'를 주시면서 "포크레인 먹어라!"
- 할머니가 소보로빵을 사러 빵집에 갔는데 주인아저씨 얼굴이 심한 곰보인 걸 보고 갑자기 당황해 "소보로 아저씨, 곰보빵 주세요."
- 할머니가 식물인간이 된 지인의 병문안을 갔는데 '식물인간'이라는 단어가 생각이 안 나서 "아드님이 야채인간이 되셔서 얼마나 마음이 아프시겠어요."
- 할머니가 커피전문점 앞에서 한참 아프리카 얘기를 하다가 커피를 시키면서 "아프리카노 한 잔이요!"
- 할머니가 휴대전화로 누구와 통화를 하다 갑자기 주머니를 뒤적이며 "나 휴대전화 없어졌다. 나중에 다시 통화하자!"

⑤ 실수 – 일부러 실수해 보라

우리는 무의식중에 남이 실수하는 것을 보고 웃는다. 예쁜 여자가 길을 가다 하이힐이 부러져 넘어지는 경우를 볼 때, 유명 배우가 레드카펫 계단을 올라가다 드레스를 밟고 넘어질 때도 무심코 웃음이 나온다. 남의 실수는 웃음을 자아낸다. 개그맨들은 일부러 실수를 해 웃음을 만들기도 한다. 요즘 휴대전화 문자메시지를 많이 주고받는데, 문자메시지 실수로도 웃음을 만들어 낸다. 예를 들어 다음과 같은 경우다.

- "할머니, 오래 사세요."라고 적어야 할 것을 "할머니, 오래 사네요."
- "엄마, 학원 끝나고 데리러 와."를 잘못 써서 "임마, 데리러 와!"
- 할머니가 중풍으로 쓰러지자 급히 엄마에게서 문자메시지가 왔다. "할머니가 장풍으로 쓰러지셨어."
- 내 신발을 사러 가신 엄마가 발사이즈를 물어보려고 문자메시지를 보냈다. "너 시발 사이즈 몇이야?"
- 여자 친구한테 생일을 물어보려고 문자를 보냈는데, "너 생ㅇ리 언제야?"
- 여자 친구한테 선물을 사줬더니, 이렇게 답장이 왔다. "고

마워, 자기야. 사망해~"

- 친구한테 여자를 소개시켜 주고 빠지면서 "저녁 잘 먹어!" 라고 문자를 보낸다는 게 그만, "저년 잘 먹어!"

한편, 띄어쓰기를 잘못해도 다음과 같은 웃음을 만들어 낼 수 있다.

- 서울시 체육회 - 서울 시체 육회
- 서울시 장애인 복지관 - 서울시장 애인 복지관
- 무지개 같은 사장님 - 무지 개같은 사장님
- 게임하는데 자꾸만 져요. - 게임하는데 자꾸 만져요.
- 후배 위하는 선배가 좋다. - 후배위 하는 선배가 좋다.

이렇게 조그만 실수가 큰 웃음을 만들어 낸다. 실수담을 그냥 흘려보내지 말고 적극적으로 이용하라.

⑥ 비교 - 비교만 잘해도 웃음이 나온다

서로 다른 두 가지 이상의 사물, 행태 등을 비교하거나 두 개의 사물 혹은 사람의 공통점과 차이점을 유추해 비교함으로써 유머로 뽑아내는 기술이다. 어울릴 것 같지 않은 두 개

이상의 특성과 본질을 잘 비교하는 게 관건으로, 일상생활에서 자주 이용할 수 있는 유머기법이다. 오빠와 아저씨, 할배의 차이점을 비교해 만든 유머를 소개한다.

- 주머니에 넣으면 오빠, 허리에 차면 아저씨, 없으면 할배.
- 노래방 책을 앞에서부터 찾으면 아저씨, 뒤에서부터 찾으면 오빠, 찾아달라고 하면 할배.
- 더워서 윗단추를 풀면 오빠, 바지를 걷으면 아저씨, 내복을 벗으면 할배.
- 목욕탕 거울을 보며 가슴에 힘을 주면 오빠, 배에 힘을 주면 아저씨, 코털을 뽑으면 할배.
- 블루스를 출 때 허리를 감으면 오빠, 왼손을 올리면 아저씨, 발을 밟으면 할배.
- 술을 마시고 나서 돈을 걷으면 오빠, 서로 낸다고 하면 아저씨, 이만 쑤시고 있으면 할배.
- 식당에서 종업원에게 '아가씨'라고 부르면 오빠, '언니'라고 부르면 아저씨, '임자'라고 부르면 할배.
- 식당에서 물수건으로 손을 닦으면 오빠, 얼굴을 닦으면 아저씨, 코를 풀면 할배.
- 배낭여행을 가면 오빠, 묻지마 관광을 가면 아저씨, 효도관광을 가면 할배.

- "오빠!"라는 말에 덤덤하면 오빠, 반색하면 아저씨, "떽!"하고 소리를 지르면 할배.

- 근사한 식당을 많이 알면 오빠, 맛있는 식당을 많이 알면 아저씨, 과부 주인을 많이 알면 할배.

- '벨트'라고 부르면 오빠, '혁대'라고 부르면 아저씨, '허리띠'라고 부르면 할배.

⑦ 비유, 은유 – 말을 돌릴수록 웃음은 커진다

무엇이든 비유하는 습관을 들여라. 직설적으로 이야기하지 말고 비유하고 돌려서 이야기하라. 비유가 늘수록 당신의 유머도 늘어날 것이다. 우리나라 속담들도 가만히 들여다보면 재미있는 비유 기법을 많이 사용했다. 아무리 말을 해도 듣지 않는 것을 가리켜 '소귀에 경 읽기'라고 한다. 얼마나 재미있는 속담인가! 비유하는 습관을 들여라.

유머는 '돌아가라'는 말이 있다. 말을 돌리는 것이 유머다. 소가 되새김질을 하듯 말도 되새김질을 해야 좋은 유머가 나온다. '그냥 대충대충' 하는 모습을 가리켜 '처삼촌 묘 벌초 하듯'이라고 바꿀 수도 있다. 모습만 그려봐도 우습지 않은가? 또 그냥 '빨리 먹는다'고 하지 않고 '게눈 감추듯' 먹는다고 했다. 게가 얼마나 눈을 빨리 감추는지 보지 못했지만,

선조들이 보기에는 그것이 엄청 빨랐던 모양이다.

이번에는 여자의 나이별 특성을 각 나라에 비유해서 만든 유머를 소개한다.

여자 나이 스물이 되면 스페인을 닮는다.
아주 뜨겁고 느긋해서 아름다움에 대한 자신이 있다.

여자 나이 서른이 되면 이태리를 닮는다.
예전만은 못해도 여전히 가볼 만하고 탐스럽다.

여자 나이 마흔이 되면 영국을 닮는다.
남들은 알아주지 않는데 아직도 자기가 최고라는 착각 속에 산다.

여자 나이 오십이면 캐나다를 닮는다.
아주 넓고 조용하며 사실상 순찰이 없다.

여자 나이 육십이면 몽골을 닮는다.
오래 전에 정복을 통해 엮어낸 과거가 있지만, 한스럽게도 미래가 없다.

여자 나이 칠십이면 이라크다.

어디 있는지 알고 있지만, 가보고 싶어하는 사람은 없다.

⑧ 반전 – 대중의 허를 찔러라

모든 사람들이 당연히 그럴 거라고 기대했던 것과 정반대의 결과, 혹은 예측하지 못했던 의외의 결과, 기대 밖의 결과가 나오면 사람들은 웃음을 터뜨린다. 사람들은 방심하고 있다가 허를 찔리면 웃음이 나오는 것이다. 잔뜩 기대를 부풀려 놓고는 허를 찌르는 것이다. 풍선에 바람을 세게 많이 넣을수록 바늘로 찔렀을 때 더 큰 소리가 난다. 유머도 마찬가지다. 기대가 더 클수록 반전의 효과도 커진다.

기대를 만드는 것을 '셋업(Set-up)', 마지막 반전을 '펀치(Punch)'라고 한다. 분위기를 잡다가 한방 먹이는 것이다. 반전의 기법을 사용한 유머의 예를 보자.

군대에서 신병이 들어오자마자 고참 하나가 물었다.

"야, 너 여동생이나 누나 있어?"

"예! 이병 홍길동! 누나가 한 명 있습니다!"

"고~뤠? 몇 살인데?"

"24살입니다!"

"진짜야? 예쁘냐?"

"예, 예쁩니다!"

그러자 내무반 안의 시선이 모두 신병에게 쏠리면서 상병 이상 되는 고참들이 하나 둘 모여앉기 시작했다.

"그래… 키가 얼마나 되지?"

"168입니다!"

옆에 있던 다른 고참이 묻는다.

"몸매는? 얼굴은?"

"미스코리아 뺨칩니다!"

왕고참이 다시 끼어들며 말했다.

"너 오늘부터 군 생활 폈다. 야, 오늘부터 얘 건들지 마! 건드리는 놈들 다 죽을 줄 알어! 그리고 신병은 나와 진지한 대화 좀 해보자... 아그야~ 근데 네 누나 가슴 크냐?"

"예! 큽니다!"

갑자기 내무반이 조용해지더니 별 관심을 보이지 않던 고참들까지 모두 모여들었다.

"어? 네가 어떻게 알아? 봤어?"

신병이 잠깐 머뭇거리다 말했다.

"예! 봤습니다!"

고참들이 모두 황당해하며 물었다.

"언제… 어떻게 봤는데?" "임마, 빨랑 얘기해!"

그러자 신병이 약간 생각을 하다 대답했다.

"조카 젖줄 때 봤습니다!"

반전을 이용한 유머를 하나 더 소개한다.

한 남자와 여자가 소개로 만났다. 남자가 여자에게 물었다.

남자 : 혹시… 담배 피우시나요?

여자 : (호들갑) 어머, 못 피워요!

남자 : 그럼 술은?

여자 : 어머, 저 그런 건 입에도 못 대요!

남자 : 그럼 지금까지 연애 경험은?

여자 : 연애요? 지금까지 남자의 '남'자도 모르고 살았는 걸요!

남자 : 아, 정말 순진하시네요! 제 입장에선 솔직히 반가운 얘기지만, 그럼 무슨 낙으로 사시는지?

여자 : 호호호, 거짓말하는 재미로 살아요!

⑨ 황당함, 엉뚱함 – 상식에서 벗어나면 웃음이 보인다

황당하고 엉뚱한 사람을 흔히 '싱거운 사람'이라고 하는데, 싱거운 사람이 되는 게 유머의 비법 중 하나다. 남들이 하지 않는 엉뚱한 생각을 자주 하자. 황당함과 엉뚱함을 이용한 유머 중에 내가 개발한 유머가 하나 있다. 이젠 주위에서도 많이 사용하고 있는 엉뚱 유머다. 여러분도 시치미 뚝 떼고 술자리에서 한번 써먹어 보라.

술자리에서 잔이 비었는데 아무도 술을 따라주지 않는 경우가 종종 있다. 이럴 때 휴대전화로 옆 사람에게 전화를 걸어 잔이 비었다고 알려준다. 전화 받은 사람은 황당하게 웃으며 술을 따라줄 것이다. 물론 주위는 웃음바다가 된다. 또 잔이 비었는데 아무도 따라주지 않으면 "먼저 간다"고 하며 일어서라. 그리고 나가면서 한 마디 해보자. "술 따라주는 사람이 없어서 다른 데 가서 마실란다."

또 한 가지 방법은 술잔이 비었는데 아무도 따라주지 않을 때 화난 사람처럼 술잔을 살짝 옆으로 던져라. 이런 황당한 행동이 주위의 웃음을 유발할 수 있다. 황당함과 엉뚱함을 이용한 유머의 예를 보자.

[어느 백화점의 남자 화장실에서]

큰일 보는 곳이 두 칸인데, 그중 한쪽에 들어가 앉아 막 볼일을 보는 순간, 옆 칸에서 인기척이 나더니 말을 걸어온다.

"안녕하세요?"

화장실에서 볼일 보는데 무슨 인사? 혹시 휴지라도 달라고 하는 건 아닐까 싶어 대꾸한다.

"네… 안녕하세요?"

그랬더니 다시 답이 돌아온다.

"식사는 하셨어요?"

환장할 노릇이다. 똥 싸는데 밥 먹는 얘기는 또 뭣이여!

"예… 방금 먹었습니다. 그쪽 분도 식사는 하셨습니까?"

그랬더니 옆 칸의 남자가 말하길,

"죄송합니다. 이만 끊어야겠네요. 옆에서 어떤 미친놈이 자꾸 제 말에 대답을 하네요."

[은행 창구에서의 황당한 유머]

한창 바쁜 시간, ○○은행 모 지점에 한 남자가 급히 들어와 창구 앞으로 달려왔다.

"속도위반 벌금 내러 왔어요!"

창구에 있던 직원 아가씨가 말했다.

"번호표 뽑아오세요!"

그러자 남자가 어이없다는 표정으로 직원을 바라보더니…
"정말요?"

다시 직원이 웃으면서 대답한다.

"정말입니다, 고객님."

남자는 버럭 화를 내면서 "아휴, 바빠 죽겠는데!"하고는 문 밖으로 사라졌다. 한참 후 은행 직원들은 기겁을 했다. 남자가 자기 자동차의 번호판을 들고 와 내밀며 말했다.

"여기 있어요. 번호판!"

황당함을 이용한 유머를 하나 더 소개한다.

[행복한 이유]

한 사나이가 벼락을 맞아 즉사했는데, 활짝 웃으며 죽었다. 사나이가 앞에 오자 염라대왕이 물었다.

"벼락 맞아 죽으면서 활짝 웃은 이유가 무엇이냐?"

사나이 왈, "사진 찍는 줄 알았습니다."

⑩ 흉내, 모방 – 흉내는 유머의 어머니다

흉내와 모방은 말투나 목소리를 흉내 내거나 어떤 동작을 그대로 따라하는 것이다. 혹은 어떤 특징이나 몸짓을 잡아내 그대로 흉내 내면서 웃음을 만들어 내는 것이다. 흉내와 모방은 가장 일차원적인 유머지만, 가장 쉽게 사용할 수 있는 유머다. 가수들의 노래하는 모습이나 표정, 특징 등을 똑같이 흉내 내어 웃기는 개그맨들이 있다.

개그맨 김영철은 하춘화 씨의 노래를 그대로 따라 부르면서 웃음을 자아낸다. 모창도 흉내 내기 기법 중 하나다. '인간

복사기'라고 불리는 개그맨 최병서, 엄용수 등은 대통령의 목소리를 그대로 흉내 내어 유머의 소재로 사용하고 있다.

학교 행사에서 선생님 흉내를 내거나 회사 단합대회에서 사장님이나 간부 사원의 흉내를 내어 유머를 만들어 보자. 그 모임의 주인공이 될 수 있을 것이다. 술자리에서 친한 친구들의 목소리나 동작을 그대로 흉내 내어 술자리를 즐겁게 하라. 가까운 곳에서부터 흉내를 내어 보자. 쉽게 유머를 만들 수 있다.

회의 중에 그냥 "제가 해보겠습니다"라고 하지 말고, 인기 있는 유행어를 사용해 "그건 제가 할게요, 느낌 아니까!"라고 해보라. 회의장은 웃음바다가 될 것이다. 회의를 부드럽게 만드는 것이 유머의 힘이다.

⑪ 도미노, 연쇄 반응 – 웃음의 연결고리를 극대화해라

유머의 기법 중에 도미노 효과가 있다. 하나의 사건이 연쇄적으로 이어지며 유머를 만들어 낸다. 꼬리에 꼬리를 무는 유머다. 어린 시절 여러분이 불렀던 "원숭이 궁둥이는 빨개. 빨간 건 사과, 사과는 맛있다. 맛있는 건 바나나, 바나나는 길어. 길면 기차…"와 같은 노래도 도미노, 연쇄 반응의 효과를 이용한 경우다. 이러한 종류의 유머를 한번 보자.

서울 신랑과 경상도 신부가 깨가 쏟아지는 신혼생활을 하던 중, 국수를 삶아먹다 싸움이 붙었다. 신랑은 '국수'가 옳다 하고, 신부는 '국시'가 옳다는 것이었다. 둘이 한참을 싸우다 결판이 나지 않자, 이웃에 사는 선생님을 찾아가 물어보기로 했다.

　　"선생님, 국수와 국시가 다릅니까?"

　　"예, 다르지요. 국수는 밀가루로 만든 것이고, 국시는 밀가리로 만든 것이지요."

　　"그럼 밀가루와 밀가리는 어떤 차이가 있나요?"

　　"예, 밀가루는 봉지에 담은 것이고, 밀가리는 봉다리에 담은 것이지요."

　　"봉지와 봉다리는 어떻게 다른가요?"

　　"봉지는 가게에서 팔고, 봉다리는 점빵에서 팔지요."

　　"그럼 가게와 점빵은 어떻게 다른가요?"

　　"가게에는 아주머니가 있고, 점빵에는 아지메가 있지요."

　　"그럼 아주머니와 아지메는 어떻게 다른 건가요?"

　　"아주머니는 아기를 업고 있고, 아지메는 얼라를 업고 있지요."

　　"그럼 아기와 얼라는 어떻게 다른가요?"

　　"아기는 누워 자고, 얼라는 디비 잡니다."

　　연쇄 반응을 사용한 유머를 하나 더 소개한다.

[어느 며느리의 시]

저번제사 지나갔네 두달만에 또제사네
할수없이 그냥하네 쉬바쉬바 욕나오네
제일먼저 나물볶네 네가지나 볶았다네
이제부턴 가부좌네 다섯시간 전부치네

허리한번 펴고싶네 한시간만 눕고싶네
남자들은 티비보네 뒤통수를 쩨려봤네
주방에다 소리치네 물떠달라 지랄떠네
제사상은 내가했네 지네들은 놀았다네

절하는건 지들이네 이내몸은 부엌있네
이제서야 동서오네 낯짝보니 치고싶네
손님들이 일어나네 이제서야 간다하네
바리바리 싸준다네 내가한거 다준다네

아까워도 줘야하네 그래야만 착하다네
피곤해서 누웠다네 허리아파 잠안오네
명절되면 죽고싶네 일주일만 죽고싶네
십년동안 이짓했네 수십년은 더남았네

하나의 행동 다음에 어떤 행동이 이어질까를 유심히 관찰하면 좋은 유머를 만들 수 있다

⑫ 말장난, 언어의 유희 – 말로 장난을 쳐라

언어의 유희, 즉 동음이의어를 활용하면 유머가 나온다. 글자 혹은 발음은 같은데 뜻이 다른 단어를 가지고 유머를 만든다. 억양이나 운율을 가지고 만들기도 하고, 앞 글자를 이용해 다른 뜻으로 풀이하는 것도 말장난 유머의 기법이다.

말장난은 어린이들도 사용하는 가장 원초적인 유머다. 처음 어린이가 말을 배울 때도 이런 방법으로 배운다. 미국 동요에도 동음이의어를 이용한 가사가 많다. 요즘에는 이런 유머가 젊은이들 사이에 인기가 있다. 그 예를 한번 보자.

- 아디다스 – '아'날로그에서 '디'지털로 넘어가면서 '다' '스'마트폰 사용

- 아식스 – '아' '식'상하다 '스'마트폰

- 뉴발란스 – '뉴'아이템을 '발'명해 '런'칭하지 않으면 '스'마트폰도 간다.

- 나이키 – '나' 자신을 '이' 시대에 뒤떨어지지 않게 '키'우세요.

이번에는 말장난을 이용한 유머의 예다.

[꺼벙이 남편의 일기]

*월 *일

아내가 애를 보라고 해서 애를 뚫어지게 쳐다보고 있다가 아내에게 머리통을 맞았다. 너무 아팠다.

*월 *일

아내가 세탁기를 돌리라고 해서 있는 힘을 다해 세탁기를 돌렸다. 세 바퀴쯤 돌리다가 아내에게 행주로 눈퉁이를 얻어맞았다. 그래도 많이 아프지 않아서 행복했다.

*월 *일

아내가 커튼을 치라고 해서 커튼을 툭툭 계속 치고 있는데 아내가 손톱으로 얼굴을 할퀴었다. 왜 할퀴었는지는 모르지만 아마 사랑의 표현인가 보다.

*월 *일

아내가 분유를 타라고 했다. 이건 좀 힘든 부탁이지만, 사랑하는 아내의 부탁이므로 분유통 위에 걸터앉아 "끄랴끄랴!"하면서 열심히 탔다. 그러고 있는데 아내가 내게 걸레를 던졌다.

*월 *일

아침에 일찍 회사를 가는데 아내가 문을 닫고 나가라고 했다. 그래서 일단 문을 닫은 다음, 나가려고 시도해 보았다. 아무리 애를 써도 밖으로 나갈 수가 없었다. 30분을 헤매고 있다가 아내에게 엉덩이를 발로 채여 밖으로 나왔다.

또 이런 말장난의 예도 있다.

음주 후 해장을 하겠다고 해장국이나 뼈다귀해장국을 먹으면서 절대 들깨가루를 뿌리면 안 된다. 들깨가루를 뿌려서 먹으면… 술이 들 깨….

⑬ 패러디 – 익숙한 이야기를 바꾸면 웃음이 보인다

패러디(parody)도 흉내의 일종이지만, 단순히 따라하는 것이 아니라 스토리나 운율을 모방하는 것이다. 개그프로그램에서 개그맨들이 영화나 드라마의 한 장면을 가져다 상황을 바꾸어 따라하는 것을 '패러디한다'고 한다.

패러디는 상대방이 알고 있는 이야기의 틀을 바꾸어 웃음을 만들어 내는 것이다. 미국에서도 패러디가 유머의 중요한 기법으로 사용되고 있다. 우리나라의 '유명한 어머니' 이야기를 패러디한 예를 보자.

어느 날, 여고 동창 4명이 회식 자리를 가졌다. 놀부 마누라와 신사임당, 어우동 그리고 팥쥐 어미가 모처럼 만나 살아온 얘기를 나눈다. 모두 여고 시절 그대로 잘난 체하는 기질은 여전해 다들 제 자랑 일색이다.

– 놀부 마누라 : "얘들아, 너희 제비 기르고 있니? 우리 집은 제비가 박 씨를 물어다 줘서 요즘 정말 신바람, 춤바람이 절로 나고, 살맛이 난다."

– 팥쥐 어미 : "너희들은 밥하고 빨래하고 물 긷고 너희들이 직접 하니? 뭐? 가정부가 한다고? 가정부 월급이 얼만데 가정부를 쓰니? 나는 콩쥐년 시켜서 다 한다."

– 어우동 : "너희들은 인생의 사는 맛이 뭐니? 음양(陰陽)의 이치를 모르고서야 어디 사람이 산다고 할 수 있겠니? 기왕에 있는 거 닳는 것도 아니고, 그렇다고 왜놈이나 떼놈 주는 것도 아니고, 오로지 우리나라 모든 남성들의 행복추구권과 복지증진 차원에서 기꺼이 제공하는 것도 애국 아니야?"

– 신사임당 : "그래, 너희들 다 잘났다. 내 명함이야!"하면서 5만 원권 한 장씩을 나눠주고 갔다.

⑭ 재치, 위트, 순발력 – 위트 있는 사람이 유머를 정복한다

남들이 생각하지 못한 기발한 아이디어로 웃음을 유발시키는 것을 영어로 '위트(wit)'라고 한다. 유머는 기발함에서 시작된다. 재치와 위트는 유머의 기본이다. '어떻게 저런 생각을 했을까?'하는 감탄과 함께 웃음이 나온다. 재치와 위트도 자꾸 사용하면 더 좋은 것이 떠오른다. 내가 들은 유머 중에 재치와 위트가 넘치는 유머를 소개한다.

이 세상에는 세 가지의 귀중한 금이 있다.
"황금! 소금! 지금!"
이 귀중한 지혜가 담긴 말을 듣고,
즉각 아내에게 문자메시지로 전해주었다.
그러자 아내가 즉시 답 메시지를 보내왔다.
"현금! 지금! 입금!"

위트와 순발력을 이용한 유머의 예를 몇 개 더 보자.

어떤 여자가 슈퍼마켓에서 계산을 하고 있었다. 그런데 얼핏 보니 여자의 가방에 TV 리모컨이 들어있는 게 아닌가! 궁금했던 계산원이 여자에게 물었다.

"TV 리모컨을 항상 그렇게 갖고 다니세요?"

그러자 여자 왈,

"아뇨. 하지만 남편이 함께 쇼핑하기 싫다고 할 때 가져와요. 이 방법이 제 남편에게 할 수 있는 가장 못된 복수거든요."

할머니와 할아버지가 함께 길을 가고 있었다. 다리가 아픈 할머니가 할아버지를 졸랐다.

"영감, 나 좀 업어줘."

할아버지가 할머니를 업고 가는데, 미안한 마음에 할머니가 할아버지에게 말을 걸었다.

"영감, 무겁지?"

"응."

"왜 무거운데?"

"머리는 돌이지, 얼굴에는 철판 깔았지, 간덩이는 부었지. 그러니 무거울 수밖에…."

돌아오는 길에 이번에는 할아버지가 할머니께 부탁했다.

"할멈, 나 좀 업어줘."

그래서 할머니가 할아버지를 업고 오는데, 할아버지가 물었다.

"할멈, 나 무겁지?"

"아니, 하나도 안 무거워. 가벼워."

할아버지가 영문을 몰라 어째서 가볍냐고 물었다.

"머리는 비었지, 입은 싸지, 쓸개는 빠졌지, 허파에 바람은 잔뜩 들었지. 아주 가벼워!"

한 신부님이 죽어 하늘나라에 갔다. 하늘나라 식당에서 밥을 먹으려고 앉아있는데. 아무리 기다려도 주문을 받지 않자 "왜 주문을 받지 않느냐?"며 화를 냈다. 그러자 종업원이 "예, 신부님, 여기는 셀프입니다!"

그러나 신부님이 둘러보니 저쪽에는 종업원이 주문도 받고 서빙도 해주는 게 아닌가? 그래서 "왜 저 사람들은 주문을 받아주느냐?"고 물었다.

"저분들은 평신도입니다. 신부님은 세상에서 대접을 많이 받고 살았으니 여기서는 셀프이고, 평신도들은 세상에서 많이 봉사했으니 여기서는 대접을 받지요."

그 말을 들은 신부님은 창피해서 아무 말도 못하고 가만히 생각해보다 물었다.

"그럼 얼마 전에 돌아가신 요한 바오로 2세 교황은 어디 계신가?"

그러자 종업원 왈, "교황님은 지금 배달 가셨습니다."

재치와 위트는 만들면 만들수록 더 많이 쏟아지는 샘물과 같다. 그 샘물에서 마음껏 재치와 위트를 건져 올리자.

⑮ 부조화, 불일치 – 이상해 보일수록 웃음은 커진다

도저히 어울리지 않는 두 가지를 같은 상황에 두었을 때도 웃음이 나온다. 양복을 입고 조선시대 갓을 쓰고 길거리를 다녀보자. 지나가는 사람들이 보면서 웃을 것이다.

미니스커트 차림의 예쁜 몸매를 가진 아가씨가 조폭처럼 행동하면서 웃음을 만들어 낼 때, 바로 부조화 기법을 사용하고 있는 것이다. 부조화와 불일치 유머는 방송이나 영화에서도 많이 사용되고, 영상으로 표현할 수 있는 유머이기 때문에 만화에서도 많이 사용된다. 예전에 한 개그프로그램에서 유행했던 코너 '분장실 강 선생' 같은 분장 쇼도 부조화의 기법을 사용한 예다.

또 어느 예능프로그램을 보면, 개그맨 유재석과 박명수가 이상한 가발을 쓰고 진행하는데, 이 또한 부조화 속에서 유머를 만들어 내는 경우다. 스님처럼 머리를 밀고 스님 복장을 하고 목사 설교를 해서 개그 코너를 성공시킨 사례 역시 부조화, 불일치 유머를 사용한 예다.

⑯ 독설, 비속어 – 독하게 씹으면 웃음이 묻어 나온다

비속어를 사용하거나 독설을 퍼부을 때 사람들은 대리만

족을 통해 카타르시스를 느낀다. 점잖은 대학교수의 입에서 욕설과 독설이 나오면 일반 대중들의 예상을 뒤엎는 웃음을 이끌어 낼 수 있다.

특유의 독설 강의로 인기를 끈 도올 김용옥 교수의 예가 그렇다. 그의 강의는 거침이 없다. 그는 비판 받을 대상이 정해지면 개에 비유하면서 거리낌 없이 욕을 사용한다. 나쁜 짓 하는 대기업과 정치인 등을 싸잡아 공격하기 일쑤다. 일반 대중은 그를 통해 대리만족을 느낀다. 그가 독설을 내뿜을 때마다 관객의 웃음소리는 더욱 커진다.

하지만 독설을 계속 사용하면 할수록 듣는 사람의 내성도 커진다. 같은 약을 계속 복용하면 내성이 생겨 병이 잘 낫지 않는다고 한다. 독설 유머도 마찬가지다. 김용옥 교수의 독설 유머에도 내성이 생겨 요즘에는 잘 먹히지 않는다.

독설 유머는 극약 처방이나 마찬가지다. 독설 유머로 성공한 사람은 오래가지 못한다. 처음에는 독설가로 시작했지만, 이름을 알린 후 따뜻한 이미지로 변신하는 사람들이 많다. 한때 인기 있었던 왕비호 캐릭터 윤형빈도 스타 연예인에게 사정없이 독설을 날려 스타가 되었다. 최고의 스타에게 독설을 날릴 때마다 관중들은 환호했다. 김구라 역시 무명시절 인터넷 방송에서 심한 독설과 욕설로 주목을 받았다.

옛날에는 독설이 유머로 인정받지 못했다. 그러나 사회가

변화하면서 직설적인 화법이 유행하게 되고, 젊은이들 사이에서 새로운 트렌드가 되었다. 정치풍자, 세태풍자 등은 은유나 비유를 통해 이뤄지지만, 독설은 직접 대놓고 욕을 하는 경우다. 풍자유머가 이차원적이고 고급유머에 속한다면, 독설은 일차원적이고 네거티브(negative)한 유머다.

다소 직설적이고 빙빙 돌리는 것을 싫어하는 신세대들은 모든 게 직설적이다. 연애도 옛날처럼 가슴 졸이며 무르익기를 바라지 않고 속전속결로 끝낸다. 무한 스피드의 시대, 인스턴트 시대라서 이렇게 일차원적이며 직설적인 독설 유머가 유행하는 것은 아닌가 싶다. 그러나 이는 바람직하지 않은 현상으로 보인다. 인스턴트 식품이 우리 건강에 좋지 않듯 인스턴트 유머도 결과적으로 사회에 좋은 영향을 끼치지는 못한다.

⑰ 원초적 유머 – 원초적 본능이 유머의 본능

인간의 치부 중에서 주로 성적인 것, 드러내기를 싫어하는 것을 공개적 혹은 은유적으로 표현해 웃음을 유발시키기도 한다. 인간의 원초적 본능인 성(性)에 관해서는 대부분 숨기거나 가리고 싶어 한다. 그 은밀한 부분을 유머의 소재로 삼아 얘기하면 상대방은 속마음을 들킨 것처럼 웃음 짓게 된다. 그러나 그 웃음은 진심으로 기뻐 나오는 웃음이 아니라 웃고 난 다음에도 기분이 좋지 않은 웃음이다. 이런 유머는 사용할 때 신중을 기해야 한다. 잘못 사용했을 경우, 본인이미지도 치명타를 입을 수 있다. 상대가 누구이고 어떤 분위기냐에 따라 적절히 사용해야 한다. 그러나 아주 친한 친구들과의 술자리에서는 분위기 띄우는 용으로 좋은 소재거리가 될 수 있다. 너무 독하지 않은 음담패설 유머를 몇 가지소개한다.

도를 닦고 있는 사람 앞에 짧은 미니스커트를 입은 미인이 지나갔다. 도인이 놀라 소리쳤다.

"오호, 야~ 죽인다. 저런 미인은 처음인데? 검은 눈동자에 가는 허리… 으음~ 정말 멋지군!"

그러자 의아해진 동네 사람들이 물었다.

"아니, 도를 닦고 있는 사람도 여자를 탐합니까?"

그러자 도인이 사람들을 노려보며 말했다.

"여보시오! 단식한다고 메뉴 보지 말란 법 있습니까?"

한 부부가 오랜만에 바닷가에 있는 콘도를 빌려 함께 여행을 떠났다. 콘도에 도착하자마자 마누라는 짐을 풀고 화장을 고치느라 바빴다. 심심했던 남편은 잠깐 바람이나 쐴 겸 바닷가로 나갔다. 그때 어떤 예쁜 아가씨가 혼자 걷고 있는 남편을 보고 한마디 했다.

"아저씨! 나랑 연애 한 번 할래요? 십만 원이면 되는데!"

느닷없는 제의에 얼떨떨했지만, 갑자기 흥분한 남편은 지갑을 뒤지더니,

"아가씨, 미안한데 삼만 원에 안 될까?"

"이봐요, 아저씨! 내가 그렇게 싸구려로 보여요? 딴 데 가서 알아봐요! 흥!"

잠시 후, 부부는 저녁 식사를 마치고 함께 바닷가를 거닐었다. 그런데 저만치서 아까 그 아가씨가 걸어오면서 마누라를 아래위로 훑어보더니 말했다.

"어디서 용케 삼만 원짜리 구하셨네!"

병원 비뇨기과에 일흔 먹은 할아버지가 상담 차 들렀다.

의사 : 할아버지, 무슨 일로 오셨습니까?

할아버지 : 응, 아 글쎄, 내 나이 일흔에 스무 살짜리 여자한테 새 장가를 갔잖아. 근데… 우리 귀염둥이가 임신을 덜컥한 거야. 거참, 이놈이 이거 (거기를 가리키며) 이렇게 힘이 남아도니 어떻게 해야 할 지를 모르겠어.

의사 : (입맛을 쩝쩝 다시며 한참 고뇌한 후) 할아버지, 제가 옛날 얘기 하나 해드릴까요?

할아버지 : 해봐!

의사 : 옛날 어느 동네에 아주 기가 막힌 명포수가 있었습니다. 백 발자국 떨어진 곳에서도 간장 종지를 백발백중으로 맞출 정도였지요. 그런데 하루는 사냥을 나갔는데, 원숭이도 나무에서 떨어질 때가 있다 그러잖아요. 글쎄, 이 포수가 총 대신 빗자루를 가지고 간 겁니다.

할아버지 : 저런… 얼빠진 놈. 쯧쯧, 그래서?

의사 : 숲을 이리저리 헤매다 포수가 드디어 집채만 한 곰을 발견한 거죠. 그래서 포수는 망설임도 없이 곰 옆으로 살살 다가가 멋지게 빗자루를 휙 꺼내 "땅!"하고 쐈더랍니다.

할아버지 : 저런!

의사 : 할아버지, 이 포수가 어떻게 됐을까요?

할아버지 : 곰한테 잡아먹혔겠지!

의사 : 아니에요. 곰이 픽 쓰러져 죽더랍니다.

할아버지 : 에이, 말이 되는 소리를 해야지. 그럼 어느 딴 놈이 쐈겠지!

의사 : (무릎을 탁 치며) 할아버지, 제 말이 그 말입니다!

여자를 만족시켜 주는 길이는 그리 길지 않습니다.

여자를 만족시켜 주는 길이는 8.6cm라고 합니다.

여자를 만족시키는 시간도 사실 그리 길지 않습니다.

8.6cm로 슬쩍 스처만 가도 여자는 만족한다고 합니다.

여자를 만족시키기에 길이가 짧다고, 시간이 짧다고 아직도 망설이고 계십니까?

어서 시작하세요!

갈라진 틈에 조심스럽게 넣고, 한번 스처 지나간 후 빼기만 하면 됩니다.

우리는 그것을 '신! 용! 카! 드!'라고 부릅니다.

⑱ 위선의 폭로 – 속마음을 들키면 웃음이 새어 나온다

폭로에는 두 종류가 있다. 자신도 모르게 위선과 속마음을 들키는 경우, 또 하나는 그냥 드러내 놓고 자신의 치부를 폭로하는 경우다. 전자는 고급 유머로 사용될 수 있으나, 후자는 독설 유머와 마찬가지로 하수 또는 저급한 유머로 통용된다. 미국 시트콤 같은 경우에는 유머의 소재로 자신도 모르게 속마음을 들키는 우회적 폭로를 많이 활용한다. 위선의 폭로를 이용한 유머의 예를 보자.

시민단체가 시위를 하면서 "마음을 합쳐 뜻을 하나로 모으는 것이 국론분열을 막는 길"이라고 거창하게 외친다. 시위를 마친 뒤 배가 고파 식당을 찾는 과정에서 서로 기호가 달라 자

기 고집을 펴다 극렬하게 싸운다. '말 따로 행동 따로'의 위선
을 폭로하는 유머다.

예쁜 여자가 남자와 데이트 할 때, 식당에서 음식에는 거의
손을 대지 않고 집에 와서는 큰 대접에 밥을 비벼 먹는다. 이
또한 위선의 폭로를 이용한 유머다.

폭로성 유머는 속마음과 비밀, 위선, 약점 등을 솔직하게
폭로해 상대방으로부터 웃음을 얻어내는 방법이다. 본인의
속마음이 들켰을 때 상대는 웃음을 짓는다. 물론 자신의 약
점을 솔직하게 폭로할 때도 웃음이 나온다. 뒤에서 남의 흉
을 보는데, 그 대상자가 흉보는 사람 뒤에 와 있는 경우가 있
다. 그런데도 그걸 모르고 계속 그 사람 흉을 볼 때 사람들은
폭소를 터뜨린다.

지금 우리나라 토크쇼의 대부분은 민망할 정도의 사생활
폭로로 억지웃음을 강요한다. 연예인이 나와 본인의 치부
를 적나라하게 드러내면서 웃음을 유도하는 것이다. 사회자
는 자꾸만 그것을 유도하는 질문만 한다. '날방송'이라는 용
어를 사용하면서까지 강요하기도 한다. 여기서 '날방송'이란
내숭 떨지 않고 그대로 내보이는 방송이란 말이다.

하지만 방송에도 최소한의 예의는 있어야 한다. 초기에

는 폭로성 유머도 반전이나 위트를 사용해 재치 있게 풀었는데, 요즘은 일차원적으로 사생활 폭로로 일관하는 경우가 많다. 심지어 영화 홍보를 할 때도 '노이즈 마케팅'이라고 해서 주연 배우의 사생활을 폭로하고 관심을 집중시키는 마케팅 전략으로 이용하기도 한다. 폭로성 유머가 고급 유머로 인정받기 위해서는 은유적으로 돌려 재치 있는 폭로가 되어야 한다.

유머의 활용

스피치, 강의에서의 유머 활용

저명한 연사 한 사람이 여러 나라에서 강연을 하던 중이었다. 늘 그렇듯 마음을 사로잡는 연설을 끝냈는데, 하루는 이름 있는 인사 한 명이 이 명연사를 만나려고 무대 뒤로 찾아왔다.

"그 호소력 있는 강연을 하기 위해 연단에 나서기 전에 마지막으로 하는 게 무엇인가요? 셰익스피어 작품의 마음에 드는 대목들을 보시나요? 아니면 셸리의 시에서 감동적인 대목들을 머리에 떠올리시나요?"

연사는 대답했다.

"아닙니다. 그저 바지의 지퍼가 잠겨 있는지를 확인하기 위해 거기를 만져본답니다."

요즘 스타 강사들이 많이 등장한다. 그들의 특징은 모두 유머감각이 풍부하다는 것이다. 개그맨의 꿈을 꾸다가 스타 강사가 된 사람도 많다. 사실 그들의 이야기는 일반인들의 이야기와 다를 바가 없다. 무슨 특별한 이야기를 하는 게 아니다. 그런데 왜 인기가 있을까? 웃기기 때문이다. 재미가 있기 때문이다. 그 유머를 가지고 그들의 인생을 이야기하는 것이다. 스타 강사들은 크게 성공한 사람도 아니고, 큰 기업을 일으킨 것도 아니다. 단지 누구나 알고 있는 인생 이야기를 유머로 풀어 재미있게 전달하는 것뿐이다. 개그맨들이 단순히 유머 전달에만 집중한다면, 스타 강사들은 그 유머에 삶의 메시지를 담는 것이다.

유머만 공부하면 누구나 스타 강사가 될 수 있다. 왕년에 잘 나가던 개그맨이 스타 강사로 활동하는 경우도 많다. 스타 강사의 기본은 유머다. 요즘은 스타 강사의 수입도 엄청나 개그맨들의 수입을 웃도는 경우도 많다. 하여튼 웃기면 돈이 되는 세상이다.

대학교수 중에 소위 강의를 잘 하는 교수라고 소문난 분들의 강의를 보면, 일단 지루하지 않다. 학생들을 웃겼다 울렸다, 들었다 놓았다 한다. 이런 기술은 하루아침에 이루어지지 않는다. 명강사들은 철저하게 준비하고 적절한 장소에서 적절한 유머를 사용한다.

강의를 잘 하기 위해서는 자신의 경험담이나 실제 있었던 사례를 들어 주제와 연결해야 한다. 유명인들의 인용구를 자주 이용하라. 너무 뻔하고 교훈적인 이야기는 피하라. 가급적 직설 화법 대신 비유적인 화법을 많이 사용하라. 유머의 비법 중 하나는 '비교'와 '비유'임을 잊지 말자. 명강의를 하기 위해서는 다음과 같은 네 가지 원칙을 항상 염두에 둬야 한다.

첫째, 주제를 명확히 하라. 강사가 주제를 헷갈리기 시작하면 요점이 흐려지고, 강사 또한 떨리게 된다. 달리기 선수가 도착 지점을 알고 뛰어야 당당하게 달릴 수 있듯 어떤 주제의 이야기를 하고 있는지 주제를 놓치지 않는 게 우선이다. 주제에 맞는 유머가 나와야 하는 건 기본이다.

둘째, 타깃(target) 청중이 누구인지 확인해야 한다. 청중이 남자인가 여자인가? 나이, 학력, 직업은? 반드시 사전조사를 하고 그 대상에 맞는 주제, 유머를 준비해야 한다.

셋째, 주제에 맞는 인용구나 속담, 명언, 유명인의 에피소드 등을 준비하라. 유명인의 에피소드를 유머로 연결하라. 인용구나 속담, 격언은 상대방도 잘 아는 것이어야 한다. 이런 것들을 활용하면 상대방이 이미 알고 있는 내용을 바탕으로 해서 내가 얘기하고자 하는 것이 바로 전달된다.

넷째, 가장 중요한 것은 '자신감'이다, 강연자가 강단에 올라갈 때 자신감이 없으면 청중 또한 강사에 대해 신뢰를 갖기 힘들다. 아무리 좋은 내용이라도 강사가 떨면서 이야기하면 사기꾼이 자신감 있게 말하는 것보다 못하다.

파티, 모임, 만남에서의 유머 활용

어느 모임에 가더라도 분위기를 이끄는 사람이 꼭 한두 명씩 있다. 당신은 분위기를 이끄는 사람인가, 끌려가는 사람인가? 항상 주도적으로 분위기를 이끄는 사람이 되라. 그럼 어떻게 해야 할까? 가장 기본적인 몇 개의 팁만 알고 있어도 술자리나 파티에서 즐거운 분위기를 유도할 수 있다. 남자, 여자들의 모임에서 쉽게 사용할 수 있는 유머를 한번 보자. 남자와 여자를 비교해 유머를 만드는 경우다.

여자는 옷을 벗을수록 시선이 집중된다.
남자는 옷을 입을수록 시선이 집중된다.

여자는 증명된 사랑에도 불안해한다.
남자는 작은 사랑의 증거에도 용기를 얻는다.

여자는 자랑할 일이 생기면 친구를 찾아간다.

남자는 괴로운 일이 생기면 친구를 찾아간다.

여자는 자기보다 예쁜 여자와 같이 다니지 않으려 한다.

남자는 자기보다 돈 없는 남자와 같이 다니지 않으려 한다.

여자는 허영심을 위해 무언가를 들고 다닌다.

남자는 자존심을 위해 무언가를 들고 다닌다.

여자는 수다로 남자를 질리게 한다.

남자는 침묵으로 여자를 오해하게 만든다.

여자는 성공을 위해 남자를 고르기도 한다.

남자는 여자를 위해 성공하기도 한다.

여자는 과거를 파헤치고 산다.

남자는 미래를 이끌기 위해 산다.

여자는 기다리다 기다리다 찾아 나선다.

남자는 방황하다 방황하다 정착하게 된다.

여자는 실패한 사랑 앞에서 후회한다.
남자는 실패한 사랑 앞에서 자학한다.

여자는 몰라도 되는 일에 지나친 관심을 보인다.
남자는 꼭 알아야 할 일에 전혀 관심이 없다.

여자는 우월감이 생기면 상대를 칭찬한다.
남자는 상대를 존경하면 칭찬한다.

여자에게 사회는 사회, 사랑은 사랑이다.
남자에겐 사회 안에 사랑이 있다.

여자는 싸우면 남자가 끝을 말할까 걱정한다.
남자는 싸우면 자신을 속 좁게 볼까봐 걱정한다.

여자는 남자의 허풍에 속는다.
남자는 여자의 외모에 속는다.

여자는 남자의 감정을 느낌만으로 알 수 있다.
남자는 여자의 감정을 말해줘야 안다.

여자는 남자를 잡기 위해 껴안으려 한다.

남자는 여자를 감싸기 위해 껴안으려 한다.

여자는 사랑하는 사람을 독점하기 위해 노력한다.

남자는 사랑하는 사람의 수를 늘리기 위해 노력한다.

여자의 과잉친절은 곧 무관심으로 바뀌기 쉽다.

남자의 과잉친절은 곧 구속으로 바뀌기 쉽다.

여자는 무드에 약하다.

남자는 누드에 약하다.

여자는 자신을 위한 남자의 노력에 감동한다.

남자는 자신을 위한 여자의 희생에 감동한다.

　파티나 모임에서의 유머는 자연스럽게 대화 주제에 맞추어 나와야 한다. 유머는 파티나 모임의 양념 역할을 한다. 그렇다고 유머를 남발하면 가볍게 보일 수 있다. 자연스럽게 대화 속에서 유머가 나와야 한다. 걱정은 하지 마라. 대화 중에 항상 유머를 생각하고 있으면 자연스럽게 유머가 떠오른다.

　대화 유머에서는 순발력이 중요하다. 강연 유머는 준비해서 할 수 있지만, 대화 유머는 어떤 상황이 발생할 지 알 수 없는 상태에서 나와야 하기 때문에 순발력과 애드립(ad-lib)이 필요하다. 꾸준히 노력해 자기도 모르는 사이에 유머가 몸에 배면 순발력과 애드립은 따라온다.

이번에는 술자리나 만남에서의 몇 가지 유머 테크닉을 소개한다. 재미있는 건배사를 하나 이상 연습해 건배를 할 때부터 술자리 분위기를 주도해 보자. 내가 최근에 만들어낸 건배사가 하나 있다.

요즘 부쩍 경기가 어렵고 웃을 일도 없지만, 웃고 살자는 의미에서 제가 '스마일'하고 외치면 따라 하세요!

스 - 쓰러져도 웃고!

마 - 마주쳐도 웃고!

일 - 일이 없어도 일일이 웃자!

뻔한 건배사 말고 자신만의 건배사를 만들어 보자. 주위에 많은 친구가 생길 것이다. 동창 모임에서는 함께 공유하는 고향이나 사투리를 소재로 하면 먼저 분위기를 잡을 수 있다. 예를 들어, 경상도 동창 모임에서는 경상도 할머니 퀴즈를 이용한 유머를 해보자.

경상도 할머니와 서울 할머니가 끝말잇기 놀이를 했다.

서울 할머니 : 계란!

경상도 할매 : 란닝구(러닝 셔츠)!

서울 할머니 : …….

경상도 할매 : 와예?

서울 할머니 : 외래어는 쓰면 안돼요.

경상도 할매 : 그라머 다시 합시더!

서울 할머니 : 타조!

경상도 할매 : 조~오 쪼가리(종이쪽지)!

서울 할머니 : 단어는 한 개만 사용해야 돼요.

경상도 할매 : 알았니더, 다시 해보소.

서울 할머니 : 장롱!

경상도 할매 : 롱갈라 묵끼(나눠먹기)!

서울 할머니 : 사투리도 쓰면 안돼요.

경상도 할매 : 그라머 함만 더 해봅시더.

서울 할머니 : 노을!

경상도 할매 : 을라(애들)!

서울 할머니 : ……. (한숨 쉬며) 그만 하지요.

경상도 할매 : 와요? 졌는교? 내사 재밋꾸만도.

서울 할머니 : 그럼 한번만 더 할게요. 소낙비!

경상도 할매 : 비르빡(벽)!

서울 할머니 : ……

경상도 할매 : 안 허요? 그럼 내가 먼저… 강새이(강아지)!

서울 할머니 : 내가 먼저 할게요, 가을!

경상도 할매 : 을기미(체)!

서울 할머니 : 제가 졌네요. 다시…. 황소!

경상도 할매 : 소케뭉티기(솜)!

서울 할머니 : (꽈당)

직장에서의 유머 활용

미국의 리더십 컨설팅 전문가인 마셜 골드스미스(Marshall Goldsmith) 박사는 기업 CEO에게 있어 유머의 중요성을 이렇게 표현했다.

"CEO여! 웃음은 헤프게, 입은 무겁게 하라! 당신이 찡그리면 직원이 운다. 당신이 미소를 띠면 실적이 오른다. 말 한마디에도 웃음을 담아라!"

요즘 유머감각이 없는 상사는 아무리 일을 잘 해도 인기가 없다. 직장 야유회에서 어색하게 앉아있는 부하 직원은 절대로 상사에게 인정받지 못한다. 야유회나 회식을 대비해 유머나 개인기 하나씩은 준비하는 것이 좋다. 노래방에서도 뻣뻣하게 노래를 부르는 것보다 약간의 댄스를 곁들여 분위기 띄우는 연습을 해야 한다. 노래방에서 분위기 깨는 직원은 퇴출 대상 1호다.

직장 유머에서 잘 되는 유머는 '등심'이다. 윗사람은 아랫사람 '등'을 토닥여주고, 아랫사람은 진'심'으로 따른다. 직장 유머에서 안 되는 유머는 '갈비'다. 윗사람은 '갈'구고, 아랫사람은 '비'빈다.

CEO는 직장 분위기를 재미있게 만들 의무가 있다. 직장 대표에게 유머감각이 있느냐 없느냐에 따라 그 직장의 분위기가 완전히 바뀔 수 있다. 매주 간부회의에서 유머로 회의를 시작해보자. 회의 분위기가 확 달라질 것이다. 좋은 아이디어도 즐거운 분위기에서 나온다. 유머가 있는 곳에 아이디어가 있다.

보스(boss)와 리더(leader)의 차이를 아는가?

보스는 '부하'를 부리고, 리더는 '파트너'를 돕는다.

보스는 '두려움'을 일으키고, 리더는 '열정'을 일으킨다.

보스는 '내가'라고 말하고, 리더는 '우리가'라고 말한다.

보스는 실패의 '책임'을 묻고, 리더는 실패를 '고쳐'준다.

보스는 '2인자'를 용납하지 않고, 리더는 '후계자'를 키운다.

보스는 "네가 가라"고 말하고, 리더는 "함께 가자"고 말한다.

CEO의 유머

여러분은 보스가 되고 싶은가, 리더가 되고 싶은가? CEO의 마인드와 마음가짐이 회사의 분위기를 결정짓는다. 훌륭한 CEO가 되기 위한 유머 테크닉은 다음과 같다.

첫째, 재미있고 자율적인 회사 분위기를 만들기 위해서는 먼저 CEO부터 바뀌어야 한다. 권위를 버리고 자신을 낮춰야 한다. 유머의 기본 조건은 자신을 낮추는 것이다. 직원의 마음을 얻고 웃음을 얻으려면 CEO 먼저 낮아져야 한다. 그렇게 직원들의 마음을 얻어야 성공한 CEO가 될 수 있다.

둘째, 간부회의를 시작할 때 반드시 유머 하나를 준비하라. CEO에게 유머는 필수다. CEO 교육과정에서 유머 교육이 필수적인 이유가 여기에 있다.

셋째, 직원들과 자주 어울려라. 직접적인 술자리 모임도 좋고, 바쁘다면 SNS를 통해 직원들과 어울리고 소통하라. CEO들 사이에서 우스갯소리처럼 떠도는 말이 있다. 승진할수록 커지는 것이 두 가지 있는데, 바로 '사무실 넓이'와 '고독'이라고 한다.

넷째, 스스로 유머의 재료가 되라. CEO 스스로 웃음의 소재가 되어 직원들을 웃게 하라. 본인이 유머의 소재가 되려면 먼저 스스로를 낮추어야 한다. 스스로 낮추면 직원으로부터 진심어린 '올림'을 받는다.

다섯째, 칭찬하라. '칭찬은 고래도 춤추게 한다'고 한다. 부하 직원들이 춤을 추면 회사가 춤추지 않겠는가? 모두가 춤추는 회사를 만들어라. 칭찬은 고래를 춤추게 하고, 유머는 고래를 웃게 한다. CEO가 사용할 수 있는 유머를 하나 소개한다.

사장이 출근을 하자마자 직원들에게 아침에 라디오에서 들은 재미있는 이야기를 들려주었다. 이야기를 들은 직원들이 모두 웃음을 터뜨리는데, 평소 유난히 잘 웃어주던 한 직원이 전혀 웃지 않고 있었다.

"자네는 왜 웃지 않나?"

"전 이제 웃을 필요가 없어졌어요."

"그게 무슨 말인가?"

"죄송한데, 저 내일 회사 그만 두거든요."

직장인의 유머

미국 직장사회에서 가장 돈 되는 말은 "I am sorry."라는 조사결과가 발표된 적이 있다. 여론조사 전문기관 조그비 인터내셔널(Zogby International)이 7,590명을 대상으로 조사한 결과, 연봉 10만 달러 이상의 고소득자가 연간 2만 5천 달러 이하의 빈곤층보다 두 배 정도 사과를 많이 하는 것으로 드러났다. 웃는 횟수와 소득도 비례한다고 한다.

직장인의 가장 중요한 자세는 자신을 낮추는 것이다. 이는 유머의 기본 전제와 일치한다. 유머를 아는 사람은 자신을 낮출 줄 아는 사람이다. 성공한 직장인은 유머를 실천하는 사람이다.

직장생활의 첫 관문은 면접이다. 면접을 통과하기 위해서는 자신감을 내보여야 한다. 자신감은 유머에서 나온다. 회사에서 면접을 볼 때, 먼저 유머로 면접관들을 무장 해제시켜보자. 그 다음은 순조롭게 풀릴 것이다. 분위기에 맞는 고급 유머를 미리 준비해 구사하면 본인도 긴장을 풀 수 있고, 오랜 시간 면접을 진행하면서 지루해져 있는 면접관도 재미있게 만들어 본인의 페이스로 끌고 갈 수 있다. 면접관들은 유머가 자신감과 능력의 표출이라는 점을 알고 있다.

나도 몇 번의 면접을 진행한 적이 있는데, 그중에 가장 기억나는 사람은 자신 있게 유머를 구사한 사람들이다. 지금도 기억나는 면접자가 한 명 있다.

내가 "지금 하고 있는 일이 뭔가?"하고 물으니, 그 친구는 큰소리로 당당하게 대답했다.

"지금 저는 이 회사에 들어오기 위해 면접을 보고 있습니다!"

엄숙한 분위기 속에서 피곤에 시달리던 면접관들은 순간 크게 웃음을 터뜨렸다. 이후 그의 면접은 잘 풀릴 수밖에 없었다. 상사의 눈치만 보고 명령에만 따르는 직원은 머슴과 같다. 할 말은 하면서 당당하고 자신 있게 일하는 자세가 필요하다.

직장생활에서 일 못지않게 중요한 것이 바로 상사와의 관계다. 상사의 의견에 항의하고 싶을 때도 있겠지만, 전략 없이 맞섰다간 눈 밖에 나기 십상이다. 어설픈 항의는 화를 부를 수 있다.

유머의 전제 조건인 긍정의 원리를 먼저 이용하고, 자신의 생각을 우회적으로 표현해보자. 상사와의 관계에서 유머의 기본원리를 사용하면 상사를 기분 나쁘게 만들지 않으면서 자신의 의견을 전달할 수 있다. 다시 한 번 강조하지만, 유머는 위기를 극복한다.

직장생활에서 가장 중요한 것은 인간관계다. 유머는 모든 인간관계의 윤활유 같은 존재다. 유머감각이 있는 직원이 되어야 상사에게 사랑과 믿음을 받고, 부하 직원으로부터 친밀감과 존경심을 얻을 수 있다.

가정에서의 유머 활용

누군가를 웃길 수 있다면 그것은 최상의 행복이고, 자신과 가장 가까이 있는 사람들을 웃길 수 있다면 그것은 최고의 행복이다. 가정에 웃음을 주기 위해 유머를 공부하는 사람이 늘고 있다. 아내에게 이런 유머를 사용해 보자.

"내가 당신과 결혼한 건 당신의 도벽 때문이야."
"내가 무슨 도벽이 있다고 그래?"
"내 마음을 훔쳤잖아!"

"여보, 당신 날개가 어디 갔지?"
"무슨 소리야?"
"당신 천사잖아!"

"6시야, 빨리 옷 갈아입어. 파티 가게."
"그게 무슨 소리야?"
"당신 신데렐라 아니었어?"

다소 유치한 것 같지만 아내에게 이런 유머를 사용해 보라. 아내는 유치한 줄 알면서도 웃어줄 것이다. 이것이 가정에서의 유머다. 무게 잡는 남편보다는 유치한 수준의 남편이 되어야 한다.

자식들은 부모를 보고 배운다. 부모의 유머는 자식에게 유전된다. 가정에서의 유머가 중요한 이유가 여기에 있다.

자식들에게 재산을 남겨주면 자식들이 싸우고, 자식들에게 유머를 남겨주면 자식들이 웃으며 행복하게 산다. 재미있는 유머를 들으면 아내에게 제일 먼저 사용하라. 아내가 웃으면 당신의 유머도 춤을 출 것이다. 아내에게 사용할 수 있는 유머를 몇 가지 더 소개한다.

[남편의 생일]

아침이 되었지만 그렇게 들뜨지는 않더라고.

아침을 먹으러 가면 와이프가 즐거운 얼굴로 "여보, 생일 축하해요!"하면서 선물을 내밀 거라 상상했지.

하지만 와이프는 "잘 잤어?"라는 말조차 안 하더라고.

그래, 아이들은 기억하겠지.

하지만 아이들 역시 아무 소리 안 하더라고.

출근하는데 힘이 좀 빠지더라.

그런데 회사에 도착하니 여비서 은주 씨가 "안녕하세요? 생일 축하드려요!" 하는 거 아니겠어?

'누군가 내 생일을 기억하고 있구나' 생각하니 기분이 좀 풀리더라고. 그리고 점심 때가 되자 은주 씨가 노크를 하더니,

은주 : 오늘 날씨가 참 좋은데요? 오늘 사장님 생신이잖아요. 저하고 둘이 오붓하게 점심 어떠세요?

나 : 진짜 오늘 들은 말 중에 제일 맘에 든다. 그래, 가자고!

우리는 교외의 아담한 식당으로 가서 멋진 점심을 즐겼지. 돌아오는 길에 은주 씨는,

은주 : 오늘 날이 너무 좋은데 꼭 사무실에 들어갈 필요 없잖아요?

나 : 그렇기는 한데….

은주 : 그럼 제 아파트로 가세요.

그래서 그녀의 아파트로 갔지. 집에 들어가자,

은주 : 사장님, 저… 침실에 가서 편한 옷으로 갈아입고 올게요.

나 : (흥분해서 말을 더듬으며) 그, 그, 그렇게 해.

침실에 들어가고 6분 정도 지났을까? 은주 씨가 침실에서 나오는데 글쎄, 커다란 생일 케이크를 앞세우고는 그 뒤로 아내와 아이들 그리고 열 명이 넘는 친구들이 생일축하 노래를 부르며 따라 나오는 것 아니겠어?

그때 난 소파에 앉아 있었지.

발가벗은 채로 말이야.

[부부싸움1]

아내에게 물었어.

"우리 결혼기념일에 어디 갈까?"

난 아내가 고마워하며 흐뭇해 하는 얼굴을 볼 생각으로 기뻤어. 아내는 이렇게 대답했어.

"오랫동안 가보지 못한 곳에 가고 싶어."

그래서 난 제안했지.

"부엌으로 가보는 건 어때?"

그래서 부부싸움이 시작되었지.

[부부싸움2]

아내가 옷을 벗은 채 침실의 거울을 바라보고 있었어.

아내는 거울 속 자신의 모습이 못마땅하다며 말했지.

"기분이 별로 안 좋아. 늙어 보이고 뚱뚱하고 못생겨지는 것
같아. 나에게 좋은 소리 하나만 좀 해줘."

나는 대답했지. "당신 시력 하나는 끝내주는 것 같아"

그래서 부부싸움이 시작되었지.

[부부싸움3]

나는 은퇴하고 연금신청을 하러 갔어.

창구의 여직원이 내 나이를 알기 위해 운전면허증이나 주민
등록증을 보여 달라고 했지. 그런데 지갑을 뒤져봐도 없는 거
야. 집에 놔두고 온 것 같았지. 그랬더니 그 여직원이 그러더군.

"상의 단추를 몇 개만 풀어서 보여 주세요."

그래서 난 상의 단추를 열었고, 그만 백발이 된 내 가슴털을
보여주고 말았지.

여직원은 "그 백발의 가슴털은 나이를 증명하기에 충분하군요."라며 바로 연금신청을 해주었어.

난 집에 가서 아내에게 있었던 일을 말해주었지. 아내는 이렇게 말하더군.

"차라리 바지를 내리지 그랬어요. 그럼 장애인 연금도 같이 받을 수 있었을 텐데."

그래서 부부싸움이 시작되었지.

[심야의 전화]

아내가 잠을 자다가 이상한 낌새에 눈을 떠 남편이 누워 있는 옆자리를 보았다. 그런데 헉!

남편이 일어나 앉아 작은 목소리로 누군가와 통화를 하고 있는 것이 아닌가! 뇌리를 스치는 예리한 여자의 육감.

'분명 여자다. 내용은 안 들리지만 상대방 전화의 목소리는 여자가 맞다!'

아내는 계속 자는 척을 하며 지켜보기로 했다. 근데 남편이 조심스럽게 옷을 걸치고 밖으로 나가려는 게 아닌가! 아내는 참지 못하고 큰 소리로 말했다.

"어떤 년이야?"

남편은 놀라서 당황하며 말했다.

"안 잤어? 옆집 소영이 엄마가…"

아내는 울컥 화가 치밀어 올랐다.

"이 나쁜 놈아! 왜 하필 옆집 소영이 엄마야! 내가 그 년보다 못한 게 뭐야?"

"뭐라는 거야? 금방 해주고 올게. 지금 급하대."

"뭐시라? 금방 뭐하고 온다고? 나가지마! 왜 나가냐고!"

아내는 온갖 생각에 눈물이 핑 돌았다. 아내는 소리를 바락바락 지르며 최후의 경고를 날렸다.

"지금 나가면 다시는 못 들어와!"

이때 남편이 나가며 한마디 던진다.

"차 빼 달란다, 이 화상아! 디비 자!"

[부부의 대화]

예전에는 아내가 며칠 집을 비우면 남편이 혼자 집에서 식사를 제대로 챙기지 못할까봐 곰국을 끓여 놓았지만, 요즘엔 "까불지 마라"라고 써 붙여 놓고 떠난다고 하네요.

까 : 가스 조심하고,

불 : 불 내지 말고,

지 : 지퍼 맘대로 내리지 말고,

마 : 마누라에게 절대 전화 하지 말고,

라 : 라면 잘 끓여 먹어라!

그러면 요즘 명석한 남편들의 대답은 "웃기지 마라"

웃 : 웃음이 절로 나오고,

기 : 기분이 째진다.

지 : 지퍼 마음대로 내리고,

마 : 마누라한테 전화 할 시간이 어딨니?

라 : 라면 좋아하시네, 호텔에서 뷔페 먹고 있다!

부부 사이에 이런 유머를 할 수 있어야 유머가 있는 부부 소리를 들을 수 있다. 유머가 있는 부부는 사랑이 변하지 않고 영원할 것이다. 이제는 아내를 웃기는 남편이 되어야 한다. 사랑 받는 남편이 되기 위해서는 죽도록 유머를 배우자. 아내의 웃음은 당신을 행복의 길로 인도한다.

자식들과의 유머

정신과 전문의 고든 리빙스턴(Gordon livingston)은 부모와 자녀의 관계에 대해 다음과 같이 말했다.

"배우는 것은 흉내 내는 것에서 시작된다. 백 마디 말을 들려주는 것보다 하나라도 행동으로 보여주는 게 훨씬 더 효과적이다. 만일 부모가 결단력과 책임감을 갖고 있고, 낙천적인 태도를 보여줄 수 있다면 '자녀를 키우는 법'에 관한

책은 모두 불쏘시개로 사용해도 무방하다."

몸소 실천으로 가르치라는 얘기다. 유머도 마찬가지다. 부모가 집에서 아들, 딸에게 근엄하기보다는 유머를 생활화한다면 자녀들도 유머에 익숙해질 것이다.

자식들이 행복하기를 바라는가? 그러면 당신부터 웃어라. 부모와 자식 간에 유머가 사라진 세상에 남는 것은 가족 간의 불신과 냉소뿐이다.

'자식에게 재산을 안 물려주면 맞아 죽고, 반만 주면 나머지 반을 달라며 졸려 죽고, 다 주면 굶어 죽는다'는 말이 있다. 자식과 부모의 관계를 세태풍자로 풀어낸 유머다. 그러나 유머를 물려주면 자식과 웃으며 살 수 있다. 자식에게 재산보다는 유머를 남겨주자. 유머 있는 부모가 되기 위한 실천방법 다섯 가지를 제시한다.

첫째, 자녀들과 친구가 되라. 권위적인 모습을 완전히 버려라. 온몸에 힘을 주면 나오는 건 똥밖에 없다. 쓸데없는 데 힘 빼지 말고 웃어라. 시대는 변했다. 권위적인 부모 밑에서 권위적인 아들이 나온다. 유머 없는 아들은 장가도 못 간다.

둘째, 말이 많은 아빠, 엄마가 되라. 잔소리를 많이 하라는 게 아니라 재미있는 이야기를 많이 하라는 것이다. 자녀들과 대화를 많이 하라.

셋째, 자녀들에게 강요하지 말고 자유를 줘라. 자녀들은 자유 속에서 절제를 배우고, 자유 속에서 아이디어를 만든다. 유머는 자유에서 나온다는 것을 잊지 마라.

넷째, 신세대 유머를 배워라. 자녀들과의 유머 소통을 위해 신세대 유머를 배워 자녀들에게 사용하라.

다섯째, 자녀가 유머를 하면 무조건 웃어라. 엉뚱한 이야기한다고 혼내지 말고 자식의 유머감각을 키워주자. 식탁에서 자식이 유머를 하면 숟가락을 날리지 말고, 유머를 날려줘라.

아들이 아버지에게 말했다.

"제 인생을 찾아 떠날 거예요."

아버지가 아들에게 묻는다.

"네 인생이란 게 뭐냐?"

아들이 대답한다.

"돈 많이 벌고, 여행도 하고, 예쁜 여자 만나 즐겁게 사는 거요. 막지 마세요."

말을 마친 아들이 일어서자 아버지가 따라 일어섰다.

"막지 마시라니까요!"

그러자 아버지가 말했다.

"막다니? 앞장 서. 같이 가자, 이놈아!"

교육에서의 유머 활용

우리나라 중고등학생들의 국민교복이라 불릴 정도로 많이 입고 다니는 등산복 브랜드 중에 'OO페이스'가 있다. 왜 이렇게 많은 학생들이 등산복을 입고 다니는 걸까? 그에 대한 독특한 해석이 하나 나왔다. 우리나라 교육이 산으로 가고 있다는 증거란다.

우리나라 교육문제는 심각하다. 방향을 잃고 배가 산으로 가고 있다. 교육문제의 핵심은 교육시스템과 제도가 아니라 선생님에게 있다. 아직도 권위적이며 폐쇄적인 선생님들이 너무 많다. 선생님이 왕처럼 대접 받으려는 자세는 이제 사라져야 한다. 선생님은 대접 받는 사람이 아니라 봉사하는 사람이다. 최근 젊은 선생님들 중심으로 변화를 시도하고 있지만, 아직 갈 길이 멀다. 우리나라 선생님은 연령별로 가르치는 방식도 다음과 같이 다르다고 한다.

20대 선생님은 학생들에게 어려운 것만 가르친다.

30대가 되면 중요한 것만 가르친다.

40대가 되면 시험에 나오는 것만 가르친다.

50대가 되면 아는 것만 가르친다.

60대가 되면 모르는 것도 아는 것처럼 가르친다.

선생님이 바뀌어야 교육이 바뀐다. 빌 게이츠나 스티브 잡스가 우리나라 학교에 다녔다면, 선생님에게 매일 두들겨 맞고 따돌림을 당했을 지도 모른다. 공부만 잘하는 학생, 외우기만 잘하는 학생은 오늘날처럼 급변하는 세상에서 살아남기 힘들다.

선생님들은 학생들의 다양성과 개성을 존중하고 창의성을 높여주어야 한다. 열린 마음으로 학생들을 대해야 한다. 정해진 틀 속에 학생을 가두지 말고, 모든 것을 열어두어야 한다. 먼저 선생님이 바뀌고, 자유로움 속에서 교육이 이루어져야 한다는 것이다. 그러기 위해서는 딱딱한 주입식 교육을 버리고, 자유와 유머가 더해진 학교 문화를 먼저 정착시켜야 한다. 유머가 곧 창의성이기 때문이다.

선생님들의 유머 교육이 필요한 이유가 여기에 있다. 영국의 철학자이자 수학자인 알프레드 노스 화이트헤드(Alfred North Whitehead)는 선생님에 대해 다음과 같이 얘기했다.

"보통 교사는 지껄인다. 좋은 교사는 잘 가르친다. 훌륭한 교사는 스스로 해 보인다. 위대한 교사는 가슴에 불을 지른다."

우리나라의 더 많은 선생님들이 학생들의 가슴에 활활 불을 지를 날을 기대한다. 그렇다면 우리나라 학교에서 유머 교육은 어떻게 이루어져야 하는가? 대안을 한 번 찾아보자.

요즘은 초등학교에서도 재미없는 선생님은 인기가 없다.

학원가에서 최고의 인기를 누리는 스타 강사들은 개그맨 뺨치는 유머를 구사한다. 영어 교육에 개그를 접목시켜 큰 인기를 얻고 있는 영어강사도 있다.

'어떻게 하면 재미있게 가르칠 수 있을까?'를 먼저 생각하라. 처음에는 어색하겠지만, 자주 시도하면 익숙해진다. 유머 교육의 기본적인 방법은 다음과 같다.

첫째, 앞에서 설명한 '유머의 기술' 열여덟 가지를 교육내용과 연계해 한번 시도해 보라. 유머의 기술을 적절하게 수업 내용과 연관시키다 보면 당신도 모르는 사이에 인기 많은 선생님이 되어 있을 것이다.

둘째, 유행어를 자주 활용하라. 인기 있는 개그프로그램의 유행어를 수업 중에 섞어 사용해 보라. 학생들과 소통하기 위해서는 신세대 유머도 배워야 한다. 교육의 질은 높이고, 선생님의 품위는 낮추어라.

셋째, 옛날 코미디 소재를 재가공해 유머를 재활용하라. 지나간 유머도 괜찮다. 수업 내용과 연계해 유머를 재활용하라. 수업 내용과 유머를 연결하는 연습을 하라.

넷째, 학생들과 친구가 되어라. 권위 의식을 버리고 학생들 눈높이에 맞춰 친구가 되어라. 우리나라에서 학교를 다니다 미국으로 간 학생이 가장 놀랐던 경험을 들려준 적이 있다. 선생님과 함께 간 캠프에서 저녁에 선생님이 이야기를 들려주는 시간이 있었다. 그런데 대부분의 미국 학생들은 거의 누워 이야기를 듣고, 이 한국 학생만 똑바로 앉아 이야기를 듣고 있었다는 것이다. 그 학생은 선생님과 학생들이 서로 친구처럼 장난치고 노는 모습이 너무 부러웠다고 했다.

다섯째, 속담을 활용하라. '걷는 놈 위에 뛰는 놈 있고, 나는 놈 위에 나는 놈 있다. 나는 놈 위에 붙어 다니는 놈이 있다'와 같은 속담 유머를 곁들여 학생들의 장래 지도에 활용할 수 있다.

여섯째, 학생들에게 조그만 선물을 준비해라. 집중력이 떨어질 때쯤 선물을 이용해 관심을 집중시켜라. 유머 퀴즈를 몇 개 준비해 학생들이 지루해할 때 사용해 보자. "질문에 답하는 학생에게 이 선물을 주겠다"와 같은 방식으로 활용해 보자. 세상에 선물을 싫어하는 사람은 없다. 단돈 천 원짜리 선물이라도 효과는 대단하다. 교육에서의 유머는 우리나라의 미래를 위해서도 반드시 발전시켜 나가야 한다.

미국 유명 대학에는 유머학과가 있다. 이미 유머를 학문적으로 인정하고, 이를 집중적으로 연구하고 있는 것이다. 우리나라에서는 아직도 처세술이나 대화술 정도의 유머 교육이 전부다. 유머강사, 유머치료사도 좋지만, 유머를 학문적으로 연구하고 우리나라 사고방식에 맞는 유머 이론을 발전시켜야 한다.

내가 초등학교를 다니던 시절에는 흰색 성적표에 '수(秀), 우(優), 미(美), 양(良), 가(可)'로 성적의 등급을 표시해주었다. '수'를 받으면 기분이 아주 좋았고, '우'나 '미'를 받으면 보통이었고, '양'이나 '가'를 받으면 울상 짓던 철부지 시절이 있었다. 하지만 나이가 들어 새삼 옥편을 뒤적여 보았더니, '수'는 빼어남을, '우'는 넉넉함을, '미'는 아름다움을, '양'은 어짊을, '가'는 옳음을 뜻하는 게 아닌가? 어느 한 글자 나쁜 뜻을 가진 게 없었다.

그런데 왜 나는 빼어남과 넉넉함만을 좋아하고, 어짊과 올바름을 그토록 싫어했을까? 잘 나고 돈 많은 건 좋고, 착하고 올바른 건 나쁘단 말인가? 나는 아직도 그때 그 시절의 성적표처럼 '수우미양가'부터 따져 보는 사람은 아닌가? 흰 머리칼이 듬성듬성한 지금에서야 그 성적표의 의미를 조금 알 듯 하다.

정치에서의 유머 활용

'우리나라 여자들은 명품백을 좋아하고, 우리나라 남자들은 정치백을 좋아한다'는 우스갯소리가 있다. 그만큼 우리나라에서 정치는 중요한 위치를 차지한다. 하지만 정치의 세계는 딱딱하고 살벌하다. 이런 정치도 부드럽고 재미있게 만들기 위해 유머가 필요하다.

정치인을 소재로 한 유머는 의외로 많다. 정치인들은 본인이 유머의 소재로 사용되는 것에 대해 불쾌하게 생각하지 말아야 한다. 좀 더 대중에게 편안하게 다가간다는 생각으로 기꺼이 유머의 소재가 되어야 한다. 본인을 낮춤으로써 대중을 즐겁게 할 수 있다면 정치문화도 많이 바뀔 수 있다.

국민들은 정치인을 유머의 소재로 희화화하면서 일종의 카타르시스를 느낀다. 요즘 정치인들은 스스로 유머의 소재가 되면서 본인을 낮추고, 국민들에게 더욱 친숙한 이미지로 다가가기 위해 직접 나서고 있다. 미국에서는 이미 오래 전부터 정치유머가 매우 발전해 있다. 미국 레이건(Ronald Wilson Reagan) 대통령의 유머가 반짝이는 일화를 소개한다.

레이건 대통령이 총격을 당해 수술을 받으러 가 수술을 담당한 의사에게 물었다.

"당신은 공화당원입니까?"

그 위급한 상황에서도 유머를 구사하는 대통령에게 의사는 웃으며 말했다.

"각하, 수술하는 동안만큼은 공화당원이 되겠습니다."

유머 있는 정치인이 되기 위해서는 첫째, 욕심을 비워야 하고, 둘째, 어린이 같은 착한 마음을 가져야 하고, 셋째, 여유가 있어야 하며, 넷째, 긍정적인 마음을 가져야 하고, 다섯째, 유머 공부를 해야 한다. 미국 링컨 대통령의 일화를 하나 더 소개한다.

링컨 대통령이 연설을 하고 있는데, 그중에 못난 상원의원 한 사람이 일어나 말했다.

"당신 아버지는 뭐했죠? 구두수선 했죠? 구두수선 아들이 무슨 대통령을 합니까?"

우리나라였으면 서로 삿대질을 하고 소리를 지르고 난장판이 되었을 텐데, 링컨 대통령은 조용히 웃으면서 이렇게 말했다.

"상원의원 고마워요. 그간 내가 바빠 돌아가신 아버지를 잊고 있었는데 우리 아버님 얘기를 해줘서. 아버지를 다시 생각하게 해줘서 고마워요. 우리 아버님은 구두수선 잘 했어요. 저도 아버지를 닮아 구두수선 잘 해요. 혹시 여러분들 중에 구두 떨어진 데가 있으면 저한테 가져오세요. 제가 수선해 드리겠습니다."

비꼬아 말하지 않고 링컨 대통령이 착한 마음, 진솔한 마음으로 대답을 하니 모든 상원의원들이 감동을 받아 박수를 쳤다고 한다. 유머 있는 정치인은 화를 내지 않는다.

우리나라 어느 전직 대통령이 너무 인기가 없고 국민들이 자기를 싫어하자, 고민 끝에 아이디어를 냈다. 국민들을 즐겁게 해주기 위해 비행기에서 돈을 뿌리기로 하고, 이를 실행에 옮긴 것이다. 그러자 국민들이 좋아 난리가 났다. 대통령은 뿌듯하게 말했다. "왜 내가 진즉 이렇게 하지 못했을까?"

이 말을 듣고 있던 비행기 조종사가 조용히 혼잣말을 했다.

"지가 뛰어내리면 국민들이 더 좋아할 텐데….."

우리나라 대통령은 모든 것을 혼자 다 하려고 한다. 아주 작고 사소한 일까지 본인이 다 관여하려고 하니 여유가 없다. 여유가 없는 곳에는 유머가 들어설 자리가 없다. 대통령이 되기 전에 국민들에게 표를 얻기 위해 웃음 짓던 모습은 사라지고, 피곤에 지친 제왕의 모습만 TV에 비춰진다. 대통령부터 웃어야 나라가 산다. 대통령이 웃어야 국민이 웃고, 국민이 웃어야 나라가 웃는다. 아름다운 권력은 내려앉아야 한다. 이것이 정치유머의 기본이다.

프랑스엔 〈크세주〉, 일본엔 〈이와나미 문고〉,
한국에는 〈살림지식총서〉가 있습니다.

📖 전자책 | 🔍 큰글자 | 🔊 오디오북

유머의 기술

펴낸날	초판 1쇄 2014년 3월 28일
	초판 2쇄 2023년 3월 23일

지은이	이상훈
펴낸이	심만수
펴낸곳	(주)살림출판사
출판등록	1989년 11월 1일 제9-210호

주소	경기도 파주시 광인사길 30
전화	031-955-1350 팩스 031-624-1356
홈페이지	http://www.sallimbooks.com
이메일	book@sallimbooks.com

ISBN	978-89-522-2847-5 04080
	978-89-522-0096-9 04080 (세트)